Los dones del
Espíritu Santo

La operación de los dones del Espíritu Santo es sumamente importante para el desarrollo y crecimiento saludable de la Iglesia de Cristo; sin embargo, para el buen uso y aplicación de estos dones es necesario una comprensión clara y bíblica de cada uno de ellos. En este libro, el Dr. Luis Montana desarrolla una excelente exégesis, y explica con claridad los dones del Espíritu Santo partiendo desde la definición bíblica y lingüística de cada don. Estoy seguro de que su vida será grandemente enriquecida y su fe fortalecida mediante la lectura de este libro.

—William Rodríguez
Superintendente de las Asambleas de Dios del Sur Pacifico (SPD).

En su libro *Los Dones del Espíritu Santo* el Dr. Luis Montana nos invita a sumergirnos en la pneumatología carismática del Nuevo Testamento considerando la importancia que se le ha dado a los dones del Espíritu Santo en la comunidad incipiente, en la historia cristiana, y en nuestro presente desde la teología y práctica Pentecostal. Con un énfasis en el amor como fundamento de los dones espirituales, el Dr. Montana explora la diversidad de carismas y evalúa la necesidad de su aplicabilidad en nuestro contexto eclesiástico. Un libro requerido para apreciar una pneumatología integral.

—Dr. Gabriel Raimondo
Profesor for Hispanic Programs at Azusa Pacific University.

El enfoque del libro del Dr. Luis Montana es fundamental para la vida espiritual de la Iglesia del Señor; de hecho, si en la Iglesia no opera el Espíritu Santo esta, en realidad, no es la Iglesia de Cristo; y sin amor en la vida de la Iglesia, los dones del Espíritu Santo son inútiles.

Una iglesia sin dones. No es la iglesia de Cristo. Una iglesia sin amor no es la Iglesia de Cristo

—Samuel Marciano Reyes
Pastor de la Iglesia Una Luz en la Ciudad AD, Xicotepec de Juárez, Puebla.

Los Dones del Espíritu Santo

Por Dr. Luis Montana

Editado por Eliud A. Montoya

PALABRA PURA
palabra-pura.com

2025

Los Dones del Espíritu Santo

Copyright © 2025 por Luis Montana

ISBN: 978-1-951372-59-0
Paperback/pasta blanda

A reserva de algunas citas breves en libros, artículos y críticas literarias (mencionando la fuente), ninguna parte de este libro puede ser reproducida en ninguna forma por medios mecánicos o electrónicos, incluyendo almacenaje de información y sistemas de reproducción sin permiso previo por escrito del editor.

Apreciamos mucho HONRAR los derechos de autor de este documento y no retransmitir o hacer copias de este en ninguna forma (excepto para el uso estrictamente personal). Gracias por su respetuosa cooperación.

Diseño del libro: Editorial Palabra Pura

RELGIÓN/ Teología Cristiana /Pneumatología

TABLA DE CONTENIDO

Agradecimientos / xi

Prefacio / xiii

Prólogo/ xv

Introducción/ 1

PARTE UNO: De aquello circunscrito a los dones

   I. Brevísimo recuento histórico / 7

   II. El amor, el fundamento de los dones / 13

   III. Términos relacionados con los dones / 19

   IV. Los otros dones / 27

   V. Los cesacionistas / 34

PARTE DOS: Los dones del Espíritu explicados

   VI. El don de sabiduría / 43

   VII. El don de ciencia / 56

   VIII. El don de fe / 68

   IX. El don de sanidades / 83

   X. El don de milagros / 94

   XI. El don de profecía / 102

   XII. El don de discernimiento de espíritus / 108

   XIII. El don de diversos géneros de lenguas / 113

   XIV. El don de interpretación de lenguas /122

PARTE TRES : Sugerencias para la Iglesia hoy

   XV. El ejercicio de los dones del Espíritu / 129

   XVI. Últimas sugerencias para las iglesias / 136

Conclusión final / 140

Bibliografía / 142

Dedico este libro a mi familia; y en especial a mi nieto Silas Joon Kim

AGRADECIMIENTOS

Agradezco en primer lugar a mi Señor Jesucristo, quien pidió al Padre celestial que mandara al Espíritu Santo (Jn. 14:26), a fin de que no quedásemos huérfanos (Jn. 14:18), sino que, con su ayuda, pudiésemos seguir adelante con la obra que Él nos ha encomendado. Sin la ayuda del Espíritu de Dios, los dones no fluirían en la Iglesia —la cual es el cuerpo de Cristo, según Efesios 4:12—, y sería imposible su edificación.

Mi profundo agradecimiento también a mi familia; a mi esposa Lydia por entenderme y apoyarme durante todo el tiempo que he necesitado pasar en la biblioteca, buscando información para la redacción de este libro. A mis amigos, por estar orando a mi favor, a fin de que pudiese concluir con éxito toda la redacción.

También estoy agradecido con todos aquellos que han sido parte de mi preparación académica, desde los que tuve en la facultad de teología de Montebello, hasta los de la Universidad de Azusa Pacific (APU): todos ellos han sido de gran bendición para mí al compartirme sus conocimientos. En especial expreso mi profundo agradecimiento al Dr. Enrique Zone, por su amor al llamado y a la obra, por su interés en preparar al pueblo de Dios, capacitándolo tanto espiritual como académicamente, y así representar el evangelio, dando siempre a Jesucristo toda la gloria y la honra, pues solo Él la merece. También deseo hacer mención de varios de mis maestros en la APU, de entre los que más han dejado huella en mi preparación y formación académica: el Dr. Miguel Darino, el Dr. Moisés López, el Prof. Gabriel Raimondo, el Dr. Hugo Aldana Jr., y el Dr. Daniel Ruarte.

Agradezco a los miembros de la iglesia que pastoreo, la Iglesia Una Luz en la Ciudad, Asambleas de Dios (IULELCAD), por estar siempre orando; por seguir fielmente las enseñanzas que he impartido sobre el tema de este libro, y en donde todos los dones de los que hago mención aquí fueron manifiestos palpablemente, lo que comprueba una vez más el carácter práctico de toda la teoría que aquí se maneja. La Palabra de Dios es Palaba viva y poderosamente eficaz.

Quiero manifestar mis más sinceros agradecimientos a mi mentor y amigo, el Dr. Sergio Navarrete, quien me ha acompañado de principio a fin en el desarrollo de este libro; por sus consejos y paciencia conmigo, doy gloria y honra al Señor Jesucristo por su vida. Asimismo, brindo mi profundo agradecimiento a mi hermano en Cristo, Eliud A. Montoya, editor principal de la Editorial Palabra Pura, y editor en este libro, y por quien, gracias a su profesionalismo, este proyecto se ha hecho realidad con gran excelencia.

—Dr. Luis Montana

PREFACIO

Todo comenzó con una conversación informal bifurcada de las múltiples que sostuvimos el Dr. Luis Montana y yo respecto a las minucias de la tesis doctoral que en aquel entonces estaba él desarrollando. Su tesis era una bastante interesante que versaba en el gran tema de los dones espirituales.

De pronto entre nosotros surge una incógnita que nos fascina e ilusiona: por qué no trabajar en la redacción de un libro que hablare expresamente de los dones espirituales y trajese mayor claridad al pueblo de Dios. Cierto es que existen otros de buen talante y de carácter esencial explicativos dignos de todo encomio, pero por qué no uno que explore aspectos inexplorados y que saque a la luz lo que otros no. Qué de uno que logre tener una buena dosis de investigación y se apoye en lo escrito por otros para ayudar a los lectores del siglo XXI en su vida ministerial y personal.

El proyecto estuvo en la mesa por algún tiempo, atrapado en las celdas del boceto, y en nuestras mentes, tratando al mismo tiempo, de configurar algo que tuviese gran sentido, atrayente, de gran versatilidad, digno de quedarse, de consagrarse entre aquellos libros útiles que todos apreciamos.

El resultado de esa meditación y de ese tiempo de espera de ese escribir-borrar, escribir-borrar, y volver a escribir y volver a borrar es este libro precioso. Esta obra que logra conjugar lo que estaba en algún lugar escarpado e inaccesible del pensamiento; y llega en un tiempo único en la historia.

Hoy la historia cristiana está escribiéndose por todas partes y presenta un incontable número de matices. No obstante, a Luis y a mí nos interesa saber ¿qué está pasando con la iglesia pentecostal? ¿Es la misma de sus inicios? ¿La misma que ardía en el fuego del Espíritu, en donde los dones eran ejercidos con tanta naturalidad, con tanta cotidianidad?

[XIV] LOS DONES DEL ESPÍRITU SANTO

La respuesta estas preguntas puede no ser muy halagüeña e incluso triste al comentar de algunas comunidades pentecostales. Por tanto, nuestro principal objetivo es que este libro provoque un despertar, una vuelta a los inicios, al ejercicio continuo y sin medida de los dones del Espíritu Santo, a fin de alcanzar a una generación que sufre, que está en manos de todo aquello que nuestro Señor Jesucristo ya derrotó en la Cruz. Una generación que voluntariamente se ha puesto en manos del archienemigo de los dones del Espíritu: satanás, quien está propuesto a evitar que se propague toda enseñanza respecto a ellos.

Y, ¿qué decir de los pentecostales? ¿Será posible que algunos se den al «obscurantismo carismático» e incluso desvirtúen con su doctrina y praxis lo que el Espíritu dio a la Iglesia para su crecimiento numérico y espiritual (esto es, para la nutrición, desarrollo y subsistencia de ella, columna y baluarte de la verdad)? Es lúgubre y patético contestar afirmativamente.

Nuestra oración en esta vertiente es que Dios nos vuelva a Él, a un avivamiento de los dones, pues siendo urgente entre nosotros, como Pedro, clamamos también: ¡Señor, sálvanos, que perecemos!

Gracias amado hermano Luis, por tu iniciativa en la cristalización de esta obra. Sé que el Espíritu de Dios es quien va a la cabeza de este proyecto, el cual, al caer ahora en sus manos, amado lector, ha empezado a dar los frutos por los que tanto rogamos.

—Eliud A. Montoya

Autor de *Las 16 doctrinas fundamentales explicadas*

PRÓLOGO

Agradezco el privilegio que el Dr. Montana me ha conferido para escribir este prólogo. Antes que todo, debo decir, que considero el trabajo del autor como muy enriquecedor para todo feligrés interesado en el estudio y comprensión de los dones espirituales desde una concepción pentecostal. El término *charisma*, usado en el Nuevo Testamento en referencia al don espiritual, significa gracia, benevolencia, favor o bondad de amor. Por tanto, los dones espirituales son regalos o favores del Espíritu Santo para edificar la Iglesia del Señor e impactar la comunidad donde ella ministra. En cuanto a este tema, el apóstol Pablo dice: «Pero no quiero que ignoren, hermanos, acerca de los dones espirituales» (1 Corintios 12:1 RVA). Este llamado del Apóstol nos sugiere que es una prioridad conocer el tema de los dones tanto como sea posible, y de allí la gran importancia que tiene este libro.

Puede afirmarse que cada miembro de la Iglesia del Señor que ha sido llamado a servirlo necesita identificar, educar y desarrollar sus dones espirituales en aras de fortalecer y potenciar la Iglesia; es más, me atrevo a afirmar que si en una Iglesia local la mayoría de sus miembros conocen sus dones y los enmarcan de la manera en que el texto Sagrado lo enseña, tendremos congregaciones poderosas y cumpliendo con la misión de Dios en el mundo. Sin embargo, actualmente muchos feligreses solo son quienes asisten a los templos, y no están ejerciendo sus dones; por tanto, la Iglesia sufre estancamiento y atraso.

Ahora bien, si para los feligreses es importante el estudio de los dones, ¡cuánto más lo es para los pastores y líderes! Ya que ellos son los catalizadores de los dones: del descubrimiento, de la identificación y de la aplicación de los dones de sus dirigidos; es por ello que el texto bíblico dice: «Tengan cuidado por ustedes mismos y por todo el rebaño sobre el cual el Espíritu Santo les ha puesto como obispos, para pastorear la Iglesia del Señor, la cual adquirió para sí mediante su propia sangre» (Hechos 20:28 RVA). Aquí entendemos que todos los que ejercen autoridad y dirigen al pueblo son responsables de darles el cuidado que se requiere para que puedan alcanzar su máximo potencial. De hecho, Pablo le dice a los Efesios que el trabajo de los ministros de la Iglesia es «...capacitar a los santos para la obra del ministerio...» (Efesios 4:12 RVA). Esta es una alusión directa al trabajo a realizar, así que el descubrimiento y aplicación de los dones espirituales que Dios ha otorgado a los feligreses es responsabilidad primaria del cuerpo pastoral y de los líderes de la Iglesia.

Si un feligrés no conoce sus dones y tampoco tiene líderes y pastores que le enseñen y ayuden a descubrirlos y aplicarlos, la Iglesia del Señor se resiente. Así que, como bien dice el Apóstol, es tarea del liderazgo eclesial capacitar a los feligreses para que estos busquen estos regalos que el Señor da a través del Espíritu Santo para el beneficio de Su obra.

No tengo duda en afirmar que la lectura y estudio de este libro puede despertar el interés por el tema, y el Dr. Montana, aprovechando al máximo sus conocimientos de la academia y los adquiridos como pastor, nos muestra una investigación bien lograda del tema; convirtiendo este libro en un buen recurso para todo discípulo del Señor que desea sumergirse en las profundidades del estudio de los dones espirituales. El hecho es que cada feligrés tiene algo que aportar a la Iglesia, y no deberíamos tener fieles con un rol de meros espectadores, sino personas que están deseosas de comprender y aplicar los dones espirituales.

La lectura y comprensión de este libro será útil si el lector está dispuesto(a) a tomar tres acciones esenciales. *En primer lugar, debe desear informarse adecuadamente sobre los dones.* De hecho, este es un tema del que se habla recurrentemente pero no siempre como es debido. Afortunadamente, el Dr. Montana ha tomado tiempo suficiente para explicar qué son los dones espirituales; y con minuciosidad ha indagado sobre cada uno de ellos, a fin de que puedan ser comprendidos lo mejor posible. *En segundo lugar, debe estar dispuesto(a) a ejercer su(s) don(es) espiritual(es)*. Esto nos enseña que podemos estudiar el tema, pero no necesariamente estar dispuestos a ejercerlo; y, en *tercer lugar, debe estar dispuesto (a) a activar sus dones* para usarlos en *beneficio* del Cuerpo de Cristo.

Gracias Dr. Luis Montana por la inversión realizada para estudiar los dones espirituales. Gracias por el tiempo que has dedicado a escribir este libro, el reino de Dios recibirá el beneficio directo de tu esfuerzo. Los que hemos visto tu progreso en la academia y la iglesia damos fe de tu integridad y del amor que tienes por la obra de Dios. Que esta magnífica obra sirva para que muchos fieles, pastores, líderes, profesores y estudiantes de institutos bíblicos y facultades teológicas se beneficien de su lectura, estudio e implementación.

—Rev. Hugo Melvin Aldana Jr. Ph.D.
Decano Global y Director de Iniciativas Hispanas
Life Pacific University,
Christianburg, Virginia
Agosto 6, 2025.

INTRODUCCIÓN

Sin duda alguna los dones del Espíritu es un tema de gran importancia en la vida de la Iglesia primitiva. Podríamos decir, que si privamos a la Iglesia primitiva de los dones del Espíritu nos quedaría tan solo un grupo disperso y disfuncional de individuos entusiastas, los cuales pronto hubieran sido exterminados y aplastados por la arrolladora persecución, asestada tanto por de los judíos como por los gentiles.

¿Es esto particularmente importante en nuestros días? La Iglesia cristiana en el mundo se ha hecho fuerte a través de los siglos. Hoy tiene poder y riquezas, y su influencia política es bastante respetable; sin embargo, sin los dones del Espíritu en operación en nuestros medios, la Iglesia cristiana no es sino una religión más dentro de las miles que existen en el mundo, una religión ceremonial y nada más.

Los dones del Espíritu en la historia reciente de la Iglesia

El pueblo cristiano pentecostal ha continuado creciendo sin cesar; incluso, han ocurrido muchos avivamientos más desde aquel icónico ocurrido el día del Pentecostés de Hechos 2, en donde 120 personas fueron llenas del Espíritu Santo y empezaron a hablar en otras lenguas ante los ojos de muchos otros judíos provenientes de otros países. Este crecimiento se ha acentuado —mil novecientos años después— desde lo ocurrido en la calle Azusa en el centro de Los Ángeles CA, en el año 1906, con el pastor William Seymour. Un avivamiento que, con tan solo tres años de duración, fue el punto de ignición para que el evangelio se extendiera por todo el mundo en poco tiempo, y los dones del Espíritu de 1 Corintios 12 fueron precisamente la clave de todo ese mover de Dios, pues se manifestaban abundantemente mediante la intervención poderosa del Espíritu Santo.

Existen reportes y periódicos —como Los Angeles Times (que en aquel tiempo se llamó Los Angeles Daily Times)— que mencionan los milagros, prodigios y señales que ocurrieron en ese recinto de la calle Azusa; incluso hasta hace poco existieron algunos sobrevivientes que todavía testificaban de ese poderoso avivamiento. Estos testimonios y los que muchos otros han escrito en relación al movimiento pentecostal y a los dones, sirven de inspiración para las investigaciones que fueron necesarias para la redacción de este libro, teniendo como fin demostrar que los dones del Espíritu (los que fueron manifiestos en aquel entonces) todavía están vigentes; y así redescubrir cómo se obtienen y cómo se pueden operar.

Las Asambleas de Dios es una de las denominaciones que tiene sus raíces en el avivamiento de la calle Azusa[1] (aunque se formó oficialmente en el año 1914). Por tanto, tal denominación cristiana es pentecostal desde sus orígenes, esto es: sus integrantes creen, practican y enseñan todo aquello que respecta a los dones del Espíritu, los que se mencionan en 1 Corintios 12; no obstante, existe otras denominaciones pentecostales que tienen también el mismo origen, y todas estas denominaciones (y las que posteriormente surgieron), han tenido un particular énfasis en los dones del Espíritu, y de ahí su rápido crecimiento.

¿Por qué un libro sobre los dones del Espíritu?

Como ya he dicho, los dones del Espíritu son fundamentales para el crecimiento espiritual y permanencia de la Iglesia; e indispensables para mantenerla realmente viva y compatible con las enseñanzas de Jesús.

Este libro nace de una observación. He visto como en algunos grupos pentecostales se ha venido perdiendo el énfasis en los dones del Espíritu, y de ahí su estancamiento y retroceso. Inclusive, existe poco entendimiento de lo que significan los dones espirituales, para lo que sirven en el ministerio, de dónde vienen y cómo éstos pueden ser usados a la manera de los personajes bíblicos, qué fue lo que ellos hicieron o qué se necesita hacer para obtenerlos. Y después de dar respuesta a estas preguntas, surge otra más de aplicación central: ¿qué necesita un cristiano para ser usado en los dones?

En el libro que usted, amado lector, tiene en sus manos, tiene como objetivo entender y valorar los dones espirituales, partiendo de la premisa de que estos están actualmente disponibles para todos los cristianos en el mundo, y en operación por todos aquellos a quienes les han sido otorgados por el Espíritu Santo.

Para ello, realizo un análisis específico de los nueve dones del Espíritu Santo de 1 Corintios 12. Esto es, doy a conocer lo que las Escrituras dicen sobre estos dones y los defino dentro de un marco contextual histórico y teológico. También, mi análisis implica la exégesis de algunos de los pasajes claves, puntualizando como cada uno se diferencia de algún otro don con el que pudiere confundirse. Explico también de qué manera se debería aplicar cada uno de ellos; y, por último, describo de qué manera se están aplicando en la actualidad. Para todas estas investigaciones me he auxiliado de un extenso apoyo bibliográfico, considerando la valiosa opinión de muchos otros expertos en el tema de los dones del Espíritu.

Descripción de los capítulos

Este libro ha sido diseñado para la instrucción del pueblo de Dios respecto a los dones del Espíritu de acuerdo a cómo estos están descritos en las Escrituras. El libro está dividido en tres partes. A la primera parte he titulado: «De aquello circunscrito a los dones»; a la segunda he titulado: «Los dones del Espíritu explicados», y a la tercera: «Sugerencias para la Iglesia de hoy». Estas partes comprenden en total 16 capítulos.

La primera parte está configurada de manera que podamos entender términos, contextos y todo aquello que puede considerarse importante para entender a toda cabalidad los dones del Espíritu. En el Capítulo I empiezo con un recuento histórico de los dones, es decir, algunos datos del ejercicio de estos en algunos períodos de la historia. Hablo también de la historia de las Asambleas de Dios (por ser la denominación pentecostal más grande el mundo), y de cómo esta organización nació y ha sido preservada creciendo precisamente debido a los dones espirituales. En el Capítulo II hablo del amor como el marco fundamental de los dones del Espíritu. Y por qué inmediatamente después de que el apóstol Pablo hablara de los dones, habla del amor; siendo el amor el carácter de Dios. En el Capítulo III incursiono en la explicación del término *carisma*, del término *dones espirituales* y del término *manifestación*. Luego en el Capítulo IV hablo de los dones que están mencionados en el NT además de los de 1 Corintios 12; en ese capítulo hablo de la fe como el ingrediente indispensable de los dones del Espíritu. Por último, en el Capítulo V —el último de esta Parte Uno— hablo de los cesacionistas y de algunos argumentos que son utilizados para rebatirlos.

La Parte Dos es la parte medular de este libro. En ella explico los nueve dones del Espíritu de una manera medianamente detallada. Cada capítulo tiene una configuración similar: primero, hago una definición del don, luego de cómo este fue ejercido tanto en el Antiguo Testamento como en el Nuevo. En el siguiente apartado hablo de cómo el don de que se trate es usado en la iglesia de hoy, y luego de cómo debe ser utilizado. En algunos capítulos incluyo algunos otros apartados pertinentes.

La Parte Tres, la última de este libro, está diseñada para brindar algunas sugerencias prácticas a las iglesias respecto al fomento y ejercicio de los dones del Espíritu. Vuelvo a tocar el tema de la vigencia de los dones y adiciono más información que pueda ser útil para rebatir a los cesacionistas; hablo en forma general de la aplicación de los dones del Espíritu y de los pasos que se pueden seguir para la obtención de ellos; y finalmente, incluyo algunas otras sugerencias prácticas.

Conclusión a la introducción

El entendimiento cabal de los nueve dones espirituales mencionados en 1 Corintios promoverá el enfoque de la iglesia en el discipulado, es decir, en que esta, mediante el ejercicio de los dones, sea efectiva en el cumplimiento de la gran comisión: «Id y haced discípulos... » (Mateo 28:19). La iglesia local podrá descubrir cómo el Espíritu Santo operó y continúa operando en el pueblo de Dios en todo el mundo. La palabra de Dios se hace viva y eficaz mediante la fe, de esta manera se generan experiencias que confirman la Palabra, y el

Espíritu Santo continúa operando. Es urgente que la Iglesia de hoy se interese seriamente en el ejercicio de los dones del Espíritu Santo y así, sea perfeccionada y preparada para la venida del Señor Jesús. Todo obrero cristiano debería estar seriamente interesado en que los dones del Espíritu sean manifiestos en su vida, pues la Biblia dice: «Procura con diligencia presentarte a Dios aprobado, como obrero que no tiene de qué avergonzarse, que usa bien la palabra de verdad» (2 Timoteo 2:15).

Referencias:

[1] Helen Losses, "Assemblies of God", *NCPedia (North Carolina Educator Information Survey)*, 2006. https://www.ncpedia.org/assemblies-god#:~:text=Like%20several%20other%20Pentecostal%20groups,.%2C%20where%20it%20took%20place.

PARTE UNO:
DE AQUELLO CIRCUNSCRITO A LOS DONES

INTRODUCCIÓN

Antes de pasar a la explicación y análisis prometida en este libro —por supuesto, el tema central— es conveniente hablar de algunos de los conceptos y palabras que deben ser definidas preliminarmente; pues tal entendimiento será útil para una cabal y superior comprensión del tema central.

El tema de los dones tiene una importancia vital en el crecimiento tanto numérico como espiritual de la Iglesia primitiva, como es demostrado fehacientemente en las Sagradas Escrituras; y siendo esta iglesia el modelo de Dios para la Iglesia cristiana de todos los tiempos, su estudio es la parte medular de este libro. Sin embargo, hay algunos conceptos que será necesario abordar primero, y que estaremos tratando en esta parte uno. Empezaré hablando de algunos datos históricos respecto a los dones espirituales, de cómo estos han prevalecido a través de la historia, y lo que enseñan las Asambleas de Dios respecto a los dones. Asimismo, hablaré del contexto del pasaje de los dones del Espíritu, esto es, del capítulo 13 de 1 Corintios, el capítulo del amor. Posteriormente hablaré de los términos que están relacionados con los dones del Espíritu, tales como *carisma*, *dones espirituales*, y *manifestaciones*. También hablaré brevemente de los otros dones del Espíritu que no están mencionados en 1 Corintios 12, y finalizaré dado algunos argumentos que refutan la teoría cesacionista, esto es, la teoría de que los dones del Espíritu han cesado y que no tienen ya vigencia.

I. BREVÍSIMO RECUENTO HISTÓRICO

El análisis detallado de cada uno de los dones y las interpretaciones históricas y teológicas que a lo largo de los siglos se han dado respecto a ellos, es útil para identificar patrones y tendencias en la forma en que estos se entendieron y aplicaron a lo largo de la historia de la Iglesia.

De igual manera, algo que ayudará a una mejor comprensión de los dones será la investigación de cómo estos han sido utilizados en las iglesias de diferentes culturas (tanto occidentales como no occidentales) y cómo se podrían aplicar a un contexto cultural particular. La aplicación de los dones no solo tiene implicaciones para la iglesia local, sino para la comunidad en la que está circunscrita, y para la sociedad en su conjunto; por tanto, los dones siempre estarán también al servicio de la comunidad *a través* de la Iglesia del Señor. Asimismo, será útil la observación de cómo los dones se relacionan en la diversidad de miembros del cuerpo de Cristo.

No obstante, todo lo anterior, este libro —por no contar con el espacio suficiente— no pretende cubrir todas estas investigaciones, y en este capítulo estaré hablando en forma generalizada de algunos datos históricos que nos servirán útiles para un entendimiento más amplio de lo que se estudiará posteriormente (en la parte dos).

De dónde proceden los dones

En la Biblia los dones del Espíritu Santo son mencionados y usados con cierta regularidad; sin embargo, aunque estas menciones y usos están presentes en el Antiguo Testamento, es en el Nuevo Testamento en donde se da a ellos mayor relevancia y recurrencia. Incluso, hay también mayor énfasis en ellos en algunas secciones del Nuevo Testamento a diferencia de otras; y, de hecho, en algunos pasajes, estos no aparecen en lo absoluto o no son mencionados categóricamente (al menos mediante una lectura superficial). El pasaje que destaca en este sentido es el de 1 Corintios 12, en donde se hace mención de los nueve dones del Espíritu que se estarán estudiando en este libro. Así, mediante el estudio de este pasaje (y de otros, de manera referenciada) se logrará conocer la procedencia de estos, sus funciones y los motivos por los que son otorgados por el Espíritu.

Cuando se hace un trabajo de investigación de los dones que son mencionados en 1 Corintios 12, se necesita explorar exhaustivamente el contexto histórico y cultural de toda la epístola. Por tanto, es necesario tener en cuenta que esta epístola fue escrita para una comunidad especifica, en un momento en particular de la historia. Este procedimiento siempre será necesario a fin de que la exégesis sea realizada con efectividad.

Como es sabido, siempre es muy importante comprender el contexto y circunstancias en que fue escrito cualquier libro de la Biblia. En este caso, recomiendo que tome cualquiera de los libros disponibles —que son muchos— que hablan del contexto histórico, social, político y religioso de la epístola de 1 Corintios. Este repaso conducirá a un mejor entendimiento de lo que el escritor quiso decir a su audiencia original, y será útil para dar una aplicación adecuada a la Iglesia contemporánea. En el caso de los dones que aquí se estarán estudiando, conocer con buen grado de exactitud el contexto de la epístola ayudará a dilucidar su real significado en la mente del apóstol Pablo y su relevancia para la Iglesia de hoy.

Los dones han prevalecido a través de la historia

La base bíblica de los dones representa la fuente primaria de su correcta interpretación y aplicación a la Iglesia de todos los tiempos, ya que, aunque es sabido que existen diferentes dispensaciones y tratos divinos para la humanidad, Dios es el mismo y su carácter no cambia. De esta manera, utilizando esta base, en la historia se han venido repitiendo los mismos patrones de los dones del Espíritu referidos en las Escrituras.

Jeff Oliver publicó un libro que habla sobre la historia del pentecostalismo a través de la historia de la Iglesia cristiana. En ese libro él explica que el pentecostalismo tiene sus raíces en la historia de la cristiandad, contrario a lo que muchos piensan [que es un movimiento nuevo]. En el libro, Oliver examina la tradición pentecostal, desde los días del Nuevo Testamento, pasando por los padres de la Iglesia, la Reforma, el avivamiento Wesleyano de santidad, el pentecostalismo clásico y el movimiento carismático.[2]

Oliver dice que la creencia de que los dones del Espíritu cesaron está extendida, aun entre los pentecostales y carismáticos mismos, quienes piensan que hubo un gran período en la historia en que los dones del Espíritu no fueron manifiestos hasta que repentinamente volvieron a aparecer en Los Ángeles, en 1906.[3] Él dice también lo siguiente: «La naturaleza del Espíritu es otorgar sus dones, y es imposible que estos dones hayan cesado utilizando la base de la naturaleza misma del Espíritu, y en la forma que Él ha operado siempre. Es como decir que el viento dejó de soplar por dos mil años, y luego volvió finalmente a soplar».[4]

La prestigiosa revista cristiana Cristianity Today publicó un artículo llamado *Timeline of the Spirit-gifted* escrito por Chris Armstrong. En su artículo, Armstrong hace referencia a Stanley M. Burgess (profesor de estudios religiosos de la Southwest Missouri State University y editor de *The New International Dictionary of Pentecostal and Charismatic Movements* [Zondervan, 2002]). La información que se incluye en ese diccionario va estableciendo una línea histórica de la manifestación de los dones del Espíritu, y este empieza diciendo:

> En el siglo I, los escritores de la *Didaché* y del *Pastor de Hermas* fueron testigos de la actividad carismática, cosas necesarias para establecer a los verdaderos profetas. El escritor de la *Epístola a Bernabé* (incluida en el Códice Sinaítico) sugiere el ministerio profético como algo normativo para la Iglesia de aquellos días. En el siglo II, Justino Mártir, argumenta que el Espíritu de profecía y milagros fueron transferidos de los judíos a la Iglesia. Asimismo, Ireneo enseña sobre los dones de profecía, de discernimiento de espíritus y de liberación a la iglesia que él pastoreaba. Posteriormente, en el siglo III, Origen de Alejandría valida las sanidades, las liberaciones [de espíritus malos] y dice que son señales y maravillas que continúan en operación en la Iglesia. En el siglo IV, Agustín, en su libro *La ciudad de Dios*, reporta la operación del don de sanidad divina y de otros milagros, esto en conexión directa con la conversión de los paganos.[3]

Aunque es difícil de llegar a datos más convincentes (como los que se podrían registrar mediante los medios tecnológicos con los que hoy se cuenta), existen suficientes testimonios para asegurar que los dones del Espíritu han estado presentes a través de la historia de la Iglesia cristiana.

Las AD como una denominación continuista

Las Asambleas de Dios, como ya lo he mencionado, es una denominación que nació en el avivamiento de la calle Azusa. Esta es así una denominación pentecostal que históricamente ha sido continuista, es decir, que cree en que los dones del Espíritu están vigentes.

Aunque la doctrina de los dones espirituales trasciende desde luego a las denominaciones, se puede decir que es característica de los pentecostales en general, y de Las Asambleas de Dios en particular. Así que, siendo esta la denominación pentecostal más numerosa, es relevante mencionar algo de su historia en este capítulo.

Esta organización fue formada solo ocho años después del gran avivamiento conocido como El avivamiento de la calle Azuza, ocurrido en 1906, esto es, en el año de 1914. En aquel entonces nació como una confraternidad; sin embargo, más tarde llegó a convertirse en una denominación cristiana, la cual, por cierto, se ha convertido en una de las más grandes del mundo, con más de 86 millones de adeptos globalmente.[6]

Desde su surgimiento, Las Asambleas de Dios tuvo la misión primordial de evangelizar a todo el mundo a través del evangelio de Jesucristo. Ellos creían, y siguen creyendo, que los dones del Espíritu son fundamentales para el cumplimiento de esta misión, por ello es que ellos creen que los dones del Espíritu son para la Iglesia de hoy y de todos los tiempos, y están en operación en estos días en todos aquellos que, conociendo la voluntad de su Señor, actúan, buscan y ruegan por ellos.

En 2017, Stanley Horton, como miembro de las Asambleas de Dios, y uno de sus investigadores y escritores, escribió un panfleto en donde habla de los dones y del fruto del Espíritu. En este dice: «Los dones se reciben mediante el Espíritu Santo y se manifiestan con poder para el crecimiento de la obra de Dios. Esto concuerda plenamente con la doctrina pentecostal en todo el mundo».[7] En su escrito, Horton, hace alusión al texto de Zacarías 4:6, que dice: «No con ejército, ni con fuerza, sino con mi Espíritu». Respecto a este texto, Horton dice:

> Este aplicó en su plenitud a la persona de Jesús, quien fue guiado por el Espíritu y ministró en el poder del Espíritu (Lucas 4:1, 14). Jesús dejó un patrón para sus seguidores, a quienes les prometió que les llenaría del mismo poder (Hechos 1:8). Por tanto, el poder al que Jesús se refería es al otorgamiento de los dones del Espíritu, los cuales empoderan a la Iglesia para hacer la obra de Dios.[8]

Horton dice que el poder del Espíritu Santo está disponible para todos los creyentes (Hechos 2:17, 39), y agrega: «Al recibir los dones del Espíritu, la Iglesia es capaz de convertirse en un sacerdocio santo, y es capaz de servir, no solo a los que integran la Iglesia del Señor en el mundo sino a un mundo caído (1 Pedro 2:5, 9). No debemos substituir el esfuerzo humano o las formas y ceremonias religiosas por lo que Jesús prometió, y lo que el Espíritu Santo desea darnos».[9]

Conclusión del capítulo I

En este capítulo estudiamos de dónde proceden los dones, es decir, de su raíz escritural; que videntemente, esto es algo que no procede de la mente del hombre sino de la mente de Dios; que, aunque los dones del Espíritu están presentes en prácticamente toda la Biblia, son acentuados más en unos pasajes antes que en otros; y que la enseñanza de los dones del Espíritu es una enseñanza estructurada en el Nuevo Testamento.

Estos dones jamás han cesado; más bien, han prevalecido a lo largo de la historia desde los tiempos bíblicos hasta el día de hoy, y de ello existen suficientes evidencias históricas. Los historiadores que han dedicado tiempo a la búsqueda de tales evidencias las han encontrado.

En la tercera sección de este capítulo hablamos en específico de los dones del Espíritu en conexión con la denominación pentecostal más grande del mundo: Las Asambleas de Dios. Esta es la denominación que más ha escrito, enseñado y difundido la enseñanza continuista en el siglo XX y hasta el momento, y en la que visiblemente la continuidad histórica de los dones del Espíritu ha sino más y mejor documentada.

Referencias:

[2] Jeff Oliver, *Pentecost to the present (book one): Early prophetic and spiritual gifts movements* (Newberry, FL: Bridge Logos, 2017), xiii.

[3] Ibid, xvi.

[4] Ibid, xvi.

5] Chris Armstrong, "Timeline of the Spirit-gifted: Before Moody, Finney, Edwards, and Mather came a long line of Catholic and Orthodox believers reputed to enjoy 'the promise of the Father'" *Christianity Today*, 2002. https://www.christianitytoday.com/history/2008/august/timeline-of-spirit-gifted.html

[6] AG, "About the Assemblies of God", 2024. https://ag.org/about/about-the-AG

[7] Stanley M. Horton, *Los dones y el fruto del Espíritu Santo: Transformados a la imagen de Cristo* (Springfield, MO: Gospel Publishing House, 2017).

[8] Ibid.

[9] Ibid.

II. EL AMOR:
EL FUNDAMENTO DE LOS DONES

Definitivamente no es accidental que el capítulo inmediatamente posterior a 1 Corintios 12 (el capítulo que habla de dones del Espíritu) sea el llamado el «capítulo del amor». Capítulo en donde están descritas las pautas generales de lo que significa el amor verdadero, el amor que proviene de Dios.

Este no es un amor que pueda generar el ser humano por su propia iniciativa o poder, sino que se trata de un amor sobrenatural, el amor divino, el que solo es posible mostrar mediante una relación profunda y completa con el Espíritu Santo. Es aquello que encabeza la lista del fruto del Espíritu, y es precisamente el marco esencial, y fundamental, del ejercicio de los dones espirituales.

El apóstol Pablo habla del amor inmediatamente después de hablar de los dones, y esto lo hace para que los corintios no piensen que los dones son dados para que alguno se crea superior a los demás, ni pretenda que le rindan pleitesía; antes bien, quien ha recibido de Dios un don, lo ha recibido de pura gracia, y debe ser usado para mostrar la compasión de Señor por los seres humanos, y debe practicarse solo en el marco del amor.

En este capítulo estaré hablando de este contexto, puesto que las Escrituras colocan el amor en el foco central de la vida cristiana y como algo superior y «más excelente» (1 Cor. 12:31), que los dones del Espíritu.

El amor como principio fundamental

Wilhem Meyer, en su cometario del NT, particularmente hablando de 1 Corintios 12:31 dice que el camino más excelente del que habla Pablo es aquel que debe ser considerado el nuestro, entonces agrega: «Con esto quiere decir que el esfuerzo por alcanzar los mejores dones debe tener siempre como principio determinante e impulsor el amor, sin el cual, en verdad, los dones del Espíritu en general serían inútiles».[10]

Meyer quiere decir que, si alguno busca los dones del Espíritu movido por algo distinto al amor, entonces está equivocándolo todo. Y es interesante su comentario, ya que, puede llegar un punto en que los dones del Espíritu se vuelvan inútiles, es decir, que, aunque se operen, sino están promovidos por el amor, entonces no se logrará el objetivo último: que los pecadores se rindan al Señor y sean edificados los creyentes. ¿Qué efecto tenían los milagros y las maravillas en los corazones de los fariseos? Ellos no tenían amor por el prójimo, por lo tanto, la manifestación de los dones se volvía infructuosa para ellos. Pablo dice por el Espíritu: «Y si tuviese profecía, y entendiese todos los misterios y toda ciencia, y si tuviese toda la fe, de tal manera que trasladase los montes, y no tengo amor, nada soy». (1 Corintios 13:1).

¿Habrá quienes ejercieron los dones en la tierra, y que ahora están en el infierno? Sí. Jesús dijo: «Muchos me dirán en aquel día: Señor, Señor, ¿no profetizamos en tu nombre, y en tu nombre echamos fuera demonios, y en tu nombre hicimos muchos milagros? Y entonces les declararé: Nunca os conocí; apartaos de mí, hacedores de maldad» (Mateo 7:22-23). Por tanto, ciertamente, el amor excede y es más importante que los dones del Espíritu, porque si los dones no se ejercen con los motivos correctos, entonces Dios no será glorificado.

El amor trae orden al ejercicio de los dones

Los dones son dados por el Espíritu Santo según su voluntad y para el beneficio de la Iglesia. Cada don es importante y tiene un propósito específico en el cuerpo de Cristo. En los siguientes versículos, el apóstol Pablo explica cómo estos dones deben ser utilizados en el marco del amor fraternal para la edificación de la Iglesia y para glorificar a Dios. También enfatiza la importancia de valorar y respetar todos los dones, reconociendo que cada miembro del cuerpo de Cristo tiene un papel único y valioso. La Biblia dice:

Ahora bien, hay diversidad de dones, pero el Espíritu es el mismo. Y hay diversidad de ministerios, pero el Señor es el mismo. Y hay diversidad de operaciones, pero Dios, que hace todas las cosas en todos, es el mismo. Pero a cada uno le es dada la manifestación del Espíritu para provecho. Porque a este es dada por el Espíritu palabra de sabiduría; a otro, palabra de ciencia según el mismo Espíritu; a otro, fe por el mismo Espíritu; y a otro, dones de sanidades por el mismo Espíritu. A otro el hacer milagros; a otro, profecía; a otro, discernimiento de espíritus; a otro, diversos géneros de lenguas; y a otro, interpretación de lenguas (1 Corintios 12:4-10, RV1960).

Así que, estos nueve dones son los siguientes:

- Don de palabra de sabiduría.
- Don de palabra de ciencia.
- Don de fe.
- Don de sanidades.
- Don de hacer milagros.
- Don de profecía.
- Don de discernimiento de espíritus
- Don de diversos géneros de lenguas.
- Don de interpretación de lenguas.

Ahora bien, estos dones, aunque deben procurarse —y de ellos, los mejores, dice el Apóstol en (1 Cor. 12:31)—, el camino correcto para ejercerlos, el «camino aun más excelente», es el amor. Este es el contexto de los dones, el capítulo 13, el capítulo del amor. Pablo dice que los dones del Espíritu deban de ser ejercidos teniendo el amor como su base fundamental. Sin el amor no sería posible usar adecuadamente ningún don de Dios, ya que esto es la esencia misma de Dios, y sin ese amor, simplemente no es posible agradar a Dios. Sobre esta correlación, Pablo Deiros dice:

> Siendo que la Iglesia, es decir, el cuerpo de Cristo no consta de un solo miembro sino de muchos (1 Cor. 12:14), de ahí que exista diversidad de dones, y continúa diciendo que estos dones están relacionados unos con otros, tal como también Pablo lo dice en el mismo

capítulo. Luego, en el capítulo siguiente, Pablo habla del amor como un ingrediente esencial para ejercer los dones, y que los dones deben usarse correctamente.[11]

El amor del que habla 1 Corintios 13 es el amor ágape, es decir, el amor incondicional, el amor que proviene de Dios, que proviene del cielo. Es imposible que el ser humano pueda tener ese amor sin haberse entregado a Jesucristo de todo corazón. Pues la Biblia dice que el amor de Dios es derramado en el corazón del creyente por el Espíritu Santo (Rom 5:5). Así pues, esta es la razón por la cual entre los dos capítulos que hablan de los dones (12 y 14) está el capítulo de amor, el cual comienza diciendo:

> Si yo hablase lenguas humanas y angélicas, y no tengo amor, vengo a ser como metal que resuena, o címbalo que retiñe. Y si tuviese profecía, y entendiese todos los misterios y toda ciencia, y si tuviese toda la fe, de tal manera que trasladase los montes, y no tengo amor, nada soy. Y si repartiese todos mis bienes para dar de comer a los pobres, y si entregase mi cuerpo para ser quemado, y no tengo amor, de nada me sirve (1 Corintios 13:1-3).

El poder de Dios trabaja de la mano con el carácter de Dios (el amor)

Jesucristo, al irse al Padre, no dejó a su Iglesia sin recursos. Por ello, luego de haber dado a sus discípulos una gran encomienda, esto es, la Gran Comisión, les confirma una promesa, aquella de la que les habló varias veces: el derramamiento del Espíritu (Mt. 28:19-20; Lc. 24:49). El plan de Dios incluyó el derramamiento del Espíritu Santo, y con Él, el repartimiento de los dones espirituales, a fin de que el creyente en Cristo fuese dotado con el poder necesario para cumplir con la misión de Dios. Respecto al asunto del poder de Dios mediante los dones, David Pytches dice: «Todavía en el siglo XXI Dios continúa usando a su Iglesia mediante los dones sobrenaturales del Espíritu Santo; esto es, existen todavía muchas iglesias en donde estos dones son manifiestos para la gloria de Dios».[12] Pytches también dice: «Muchas iglesias hoy en día están experimentando algún tipo o grado de renovación espiritual».[13] «A diferencia de algunas décadas atrás» —continúa Pytches— «hoy tenemos suficiente documentación para dar testimonio de que las unciones del Espíritu Santo y las manifestaciones de los dones espirituales son auténticas, tal y como lo dice la Biblia; y por esto, existe una amplia aceptación de estos dones».[14]

Ahora bien, sabemos que los dones fueron dados a partir del derramamiento del Espíritu, que son ampliamente aceptados en nuestros días, que son útiles para la renovación espiritual, y son demostraciones genuinas del poder de Dios (parafraseando el comentario de Pytches); sin embargo, el mismo Espíritu que se derramó en Pentecostés y que otorga los dones poderosos de Dios es el Espíritu de amor. Romanos 5:5 dice que el Espíritu es el que derrama el amor de Dios en nuestros corazones: «Y la esperanza no nos defrauda, porque Dios ha derramado su amor en nuestros corazones por el Espíritu Santo que nos ha dado» (RV-95). Asimismo, es el Espíritu Santo el dador del fruto del Espíritu (Gál. 5:22), y también, Pablo confirma a Timoteo: «Porque no nos ha dado Dios un espíritu de cobardía, sino de poder, de amor y de dominio propio» (1 Timoteo 1:7).

El amor es esencial y fundamental en el ejercicio de los dones porque esto es lo que refleja el carácter de Dios (1 Jn. 4:8). Además, Efesios 4:12 dice que la edificación en amor es el objetivo del ejercicio de los dones (mediante los cinco ministerios), la Biblia dice ahí: «Y él mismo constituyó a unos, apóstoles; a otros, profetas; a otros, evangelistas; a otros, pastores y maestros, a fin de perfeccionar a los santos para la obra del ministerio, para la edificación del cuerpo de Cristo».

Otra razón porque el amor es esencial para el ejercicio de los dones es porque una persona que está llena de amor se mantiene en humildad. Cuando una persona es usada por Dios en los dones, siempre tendrá la tentación de envanecerse, pero si se mantiene llena del amor de Dios, entonces tendrá un espíritu humilde y de mansedumbre.

Conclusión del capítulo II

Antes de examinar a detalle los dones del Espíritu, y contestar las preguntas planteadas, debemos estar seguros de que estos dones tendrán el fundamento correcto. Este fundamento, evidentemente es el amor, y en forma más extendida, el fruto del Espíritu.

En este capítulo he planteado algunas razones convincentes para afirma que los dones del Espíritu deben ejercerse en el marco del amor de Dios, pues de esta manera será cumplido el objetivo del Espíritu Santo.

Por otro lado, algunos se conforman con el fundamento y no se ocupan en sobreedificar, esto es, no piden con insistencia el derramamiento del Espíritu y de los dones. El fundamento es esencial; sin embargo, la Iglesia no puede quedarse ahí, pues de otra manera, el plan de Dios no se cumpliría a cabalidad.

En el siguiente capítulo estaré hablando de otros dones que son mencionados en las Escrituras además de los de 1 Corintios 12, y aunque no son parte del alcance de este libro, es conveniente emitir algunos comentarios pertinentes.

Referencias:

[10] H. A. Wilhelm Meyer, Heinrich August Wilhelm Meyer's NT Commentary Meyer's NT Commentary, Bible Hub, 2004. https://biblehub.com/commentaries/meyer/1_corinthians/12.htm

[11] Pablo A. Deiros, *Dones y ministerios* (Buenos Aires: Publicaciones Proforme, 2008), 50.

[12] David Pytches, *Manual para ministrar en el Espíritu* (Buenos Aires: Ediciones Certeza, 1999), 7.

[13] Ibid.

[14] Ibid.

III. TÉRMINOS RELACIONADOS CON LOS DONES

En este capítulo estaremos examinando algunos términos relacionados con el tema que estamos tratando en este libro. La descripción y definición de estos términos será de ayuda para lograr un mejor entendimiento del tema central, pues son términos periféricos que se mencionan con cierta recurrencia.

Estaremos hablando en específico de tres términos: el término *carisma*, el término *dones espirituales* y el término *manifestación*. Estaremos examinando lo que otros estudiosos comentan sobre estos términos y lograremos tener una idea más amplia de lo que significan en el contexto de los dones del Espíritu.

Término *Carisma*

La palabra *Carisma* tiene muchos significados. Uno de los significados más comunes para esta palabra es *don*. Este es el sentido que se da en el *Nuevo diccionario bíblico ilustrado*, editado por Samuel Vila-Ventura, que dice: «Todos los cristianos son receptores del (o los) dones que Cristo y el Espíritu Santo han dado para poder ser usados en el servicio y beneficio de la iglesia».[15] El *Nuevo diccionario bíblico ilustrado* remite la palabra *carisma* a la palabra griega *charis*, la cual dice que significa «don, regalo, gracia, favor, poder, oficio, misión».[16] En referencia a esto el diccionario de Vila-Ventura dice:

> Son dones que, procedentes de Cristo ascendido, Cabeza de la Iglesia, son distribuidos por el Espíritu Santo. Continúa diciendo que todos los creyentes, habiendo recibido la unción del Espíritu Santo (Ap. 1:6; 2 Cor. 1:21; 1 Jn 2:20, 27), son receptores de estos dones, los cuales son capacidades sobrenaturales concedidas a cada creyente, a fin de que este sea útil para el servicio y función que tiene dentro del cuerpo de Cristo (1 Cor. 12:7, 11.[17]

El diccionario también dice que existe otro sentido de esta palabra: su relación con las personas. De esto, el diccionario dice:

> Las personas constituyen —ellos mismos—, dones otorgados a la iglesia (v. 28; cp. Ef. 4:8, 11, 12), y la palabra usada para denotarlos es *doma*; se trata entonces de que los apóstoles, profetas, evangelistas, pastores y maestros (Ef. 4:11) son dones dados a la Iglesia del Señor. Estos dones de 1 Corintios 12, tienen relación con los de Efesios 4, y tienen como propósito «perfeccionar a los santos para la obra del ministerio, para la edificación del cuerpo de Cristo, hasta que todos lleguemos a la unidad de la fe y del conocimiento del Hijos de Dios... (vv. 12, 13, etc.)».[18]

Metz, en el *Comentario bíblico Beacon*, define la palabra *dones* (carisma) a partir de la raíz semántica de esa palabra. Menciona que los cristianos reciben los dones de Dios, y que en la Iglesia algunos reciben otros dones además de los relacionados con la salvación personal, y que todos proceden del Espíritu Santo.

> Dones (*charisma*) viene de la misma raíz que la gran palabra cristiana gracia (*charis*). La idea es la de algo concedido. En este sentido todos los cristianos reciben dones de Dios, puesto que el amor, la gracia, y la totalidad de la vida cristiana son dados al hombre. Pero en un sentido especial, en la iglesia algunos reciben otros dones además de los relacionados directamente con la salvación personal. Estos dones especiales son de una gran variedad, pero todos proceden del mismo Espíritu.[19]

El Diccionario Bíblico Lexham provee —al hablar respecto a los dones espirituales—una definición atinada; sin embargo, también otorga información útil que ayuda a comprender mejor el concepto. Este dice:

> Los dones espirituales son ministerios o habilidades que el Espíritu Santo confiere a los cristianos para la edificación de la Iglesia [...]. Estos fenómenos tienen antecedentes en la obra del Espíritu de Dios como se la describe en el Antiguo Testamento, y por lo tanto en algunas perspectivas compartidas del antiguo judaísmo dentro del cual surgió el movimiento de Cristo. Romanos, que menciona explícitamente los «dones espirituales» en 1:11, también parece

tener la misma idea en mente cuando escribe en 12:3-8, aunque no menciona el papel del Espíritu. Esto también ocurre en Efe 4:7-13; 1 Tim 4:14; y 2 Tim 1:6.[20]

Término *dones espirituales*

Para todos está claro lo qué significa la palabra *don*; un don es simplemente un regalo, algo que no se tuvo y que ahora, mediante un donante, se ha llegado a tener. Ahora bien, de lo que se habla en esta tesis es de los *dones espirituales*. Para un mejor entendimiento del término, Deiros comenta del vocablo griergo *peumatikón* lo siguiente:

> Esta palabra, puesto que no se utiliza en ningún otro lugar del NT es típicamente paulina, e incluso, la palabra *don* en sí no es mencionada en el texto neotestamentario de 1 Corintios 12:1, sino que simplemente dice: «En cuanto a los espirituales» (gr. περι δε των πνευματικων). Así que, la palabra *peumatikón* significa aquí «cosas que pertenecen al Espíritu», es decir, «cosas espirituales» o «cosas del Espíritu». Este vocablo griego se ha traducido al español como «dones espirituales» (1 Cor. 12:1; 14:1), y esta misma palabra aparece también en Romanos 15:27; 1 Corintios 2:13; y 9:11. Es un término que hace referencia a la fuente de los dones, esto es, que los dones provienen del Espíritu. La palabra *espiritual* en el NT siempre se usa en conexión directa con la persona y obra del Espíritu Santo, especialmente en cuando a su obra en los creyentes (p. ej. 1 Corintios 2:13).[21]

La otra palabra que es usada —como ya se ha comentado antes— es gr. *carísmata* (χαρισματα). Adicional a lo que ya se ha dicho, el término se refiere a las varias expresiones de la gracia de Dios, y está relacionada con el verbo *carízomai*, que quiere decir «conceder como un favor» o «recibir sin ningún mérito» (ver Romanos 1:11). La idea competa de esto es que los *carísmata* son verdaderos «dones de la gracia de Dios». En Romanos 12:6 se hace una conexión muy explícita cuando Pablo escribe «De manera que, teniendo diferentes dones, según la gracia que nos es dada...». En cuanto a esto, Deiros continúa diciendo:

> En este sentido los dones espirituales son una expresión de la gracia de Dios. Otros significados de la palabra *carismata* son favor, gracia,

don, poder, oficio y misión; y en un sentido más práctico, este vocablo se refiere a las habilidades específicas o a las responsabilidades asumidas para el bienestar y el crecimiento de la Iglesia (Rom. 12:3-8; 1 Cor. 12-14); Efe. 4:7-13; 1 P. 4:10-11). En conclusión, los *carismata* de Dios son capacidades especiales otorgadas por el Espíritu Santo para servir a la obra de Dios dentro del marco de la obra de Cristo.[22]

Por cierto, este libro tiene como meta dar contestación a la pregunta, ¿cómo es la operación de estos gr. *peumatikón* y gr. *carismata*? A Dios le ha placido dotar a su Iglesia con estos regalos especiales, y por ello existe una razón bastante importante que no se puede pasar por alto.

Término *manifestación*

Quizá el tercero y último término de los comentados en este breve capítulo es un poco más complejo que los demás. Los dones espirituales siempre estarán íntimamente relacionados con la praxis, es decir, con los aspectos prácticos de la operación de Dios. Así, el término *manifestación* se refiere más coherentemente a este aspecto que los dos anteriormente mencionados.

1. Definición del término

En 1 Corintios 12 se habla de que el Espíritu se manifiesta con estos nueve dones de diversas maneras, es decir, Él puede o tiene la capacidad de revelarse a los creyentes y a través de ellos como a Él le plazca. Es como una luz interna que brilla en los hijos de Dios, en los creyentes, Él brilla con multitud de colores y matices. El maestro pentecostés inglés Donald Gee (1891-1966), en su libro *Spiritual gifs in the work of the ministry today* [Los Dones Espirituales en el Ministerio de Hoy] dice: «La palabra griega *phanerōsis*, mencionada en 1 Corintios 12:7 [traducida es español como *manifestación*] se deriva del latín *manifestus*, palabra que significa *agarrar con la mano*».[23] Gee dice también: «Es tanto como tomar con las manos los productos que están expuestos en un supermercado, que pueden verse, olerse, palparse, que están en un estante y pueden sacarse de ahí. Así, los dones son algo evidente, que no están ocultos, sino en exhibición, que se pueden percibir claramente».[24] Gee también menciona a Charles Annandale (1843-1915), quien fue un escritor inglés que editó la revisión del *John Ogilvie's Imperial Dictionary of English Language*, y colaboró en la edición y publicación de *The Concise English Dictionary*; Gee dice: «Annandale define la palabra *manifestación* como "hacer evidente o a la vista o fácil de entender, la exhibición de cualquier cosa mediante una evidencia clara"».[25] Por último, Gee también menciona al *Oxford English Dictionary*, y escribe: «Se define *manifiesto* como "mostrar claramente a los ojos o a la mente; ser evidencia de; exhibir", y la luz —como es descrita en las Escrituras— da como resultado la manifestación de todo».[26]

Estoy de acuerdo con Donald Gee en cuanto a su definición y explicación de la palabra *phanerōsis* [manifestación], la cual se refiere a una indicación clara de la existencia o presencia de la naturaleza de una persona o cosa referida. Y de ello se puede asentir que el Espíritu Santo continúa manifestándose en estos días, en el siglo XXI (aunque, como ya se ha mencionado, algunos no estén de acuerdo en que algunos de los dones estén vigentes hoy, o incluso nieguen la existencia de todos ellos).

2. Límites del término

Se puede decir que la manifestación del Espíritu es muy variada, según se menciona en las Escrituras, sin embargo, se mencionan el fruto del Espíritu y los dones del Espíritu como dos de las principales manifestaciones. Se puede hablar del fruto del Espíritu, el mencionado en Gálatas 5:22-23, como una manifestación del Espíritu en la vida del creyente, el cual es evidencia del nuevo nacimiento, de la perseverancia en Cristo del creyente, y del carácter cristiano; no obstante, se debe siempre diferenciar de los dones del Espíritu. La doctrina pentecostal habla de los dones del Espíritu y del fruto del Espíritu como dos temas separados, y los dones del Espíritu se reciben como resultado del bautismo en el Espíritu Santo.

Estos son *dones*, es decir, se otorgan gratuitamente por el Espíritu Santo, y no se pueden ganar ni se merecen de ningún modo, ni tampoco se les puede utilizar como evidencias de la vida espiritual enriquecida ni de madurez; es por ello que las Escrituras (p. ej., las cartas de Pablo) se concentran más en la manifestación del Espíritu en el fruto (mayormente del amor), que en el otorgamiento de los dones. Se puede decir que los dones del Espíritu en la Iglesia primitiva era algo muy común. Tanto que el apóstol Pablo habla de ellos con mucha familiaridad. Ejemplo de ello es el don de lenguas, don del que Pablo habla como algo común y corriente en aquellos días (1 Corintios 14).

Respecto a este don de lenguas, Geoge M. Flattery, en su artículo *Speaking in Tongues: Its essence, purposes, and use (part 2)* [Hablar en lenguas: su esencia, propósito y uso (parte 2)] dice:

> Pablo escribe a los corintios sobre el tema porque ellos estaban usándolo mal, y deseaba enseñarles y corregirlos para que se usara correctamente. Mientras les habla en este tenor, él va más allá del simple proceso correctivo del don de lenguas y les revela cosas que ellos no conocían en conexión con el don de interpretación de lenguas y de profecía. Habla del don de lenguas como un don extraordinario, pero que debe usarse adecuadamente, y de su interrelación con el don de profecía y el de interpretación.[27]

Frank Bartleman, en su libro *How Pentecost Came to Los Angeles* [Cómo Llegó el Pentecostés a Los Ángeles] comenta sobre los dones: «Éstos esparcirán el fuego hasta los confines de la tierra. El celo misionero está ennoblecido, los dones del Espíritu son repartidos, y la panoplia de la iglesia restaurada».[28]

El pensamiento de Bartleman en 1925, siendo vislumbrado por el poder y la especularidad de los dones del Espíritu, llegó a pensar, como muchos otros pentecostales, que lo eran todo; sin embargo, las Escrituras enseñan que los dones son tan solo una parte de las manifestaciones del Espíritu Santo y de los regalos que Él otorga a la Iglesia de Jesucristo.

Los dones del Espíritu Santo son manifestaciones del poder de Dios, y de lo sobrenatural de Dios actuado sobre los creyentes y a través de ellos; sin embargo, estos no controlan al individuo, más bien, el individuo tiene control de lo que está sucediendo y continúa teniendo una libre voluntad.

Stanely M. Horton escribió en su libro *Teología Sistemática: Una perspectiva pentecostal*, lo que David Lim aportó en su artículo *The Incarnational Nature of the Gifts* [La naturaleza de encarnación de los dones]. Él menciona lo siguiente:

> Mientras más trabaje el Espíritu Santo en el cristiano, más que nunca el individuo irá teniendo el control, y este se acercará al Espíritu con un espíritu disciplinado y manso, dejando que Él obre a través de él o ella. Cuando Pablo exhorta a los corintios, él tiene en mente el pasado pagano de ellos. En el pasado ellos solían perder el control de ellos mismos, y consecuentemente se podría manifestar cualquier cosa que podría pasar como algo del Espíritu de Dios. Así, el contexto del pasaje de 1 Corintios 12 no implica una falta de control, más bien, todo lo contrario, dice que a medida que el Espíritu trabaja, el creyente tiene control de él/ella mismo/a. [29]

En su libro *Los dones y ministerios*, Pablo Deiros dice: «Cuando los dones del Espíritu Santo están en operación —particularmente hablando del don de lenguas— el Espíritu usa los órganos del cuerpo del creyente, pero que la mente no está consiente de lo que el cuerpo hace».[30] En parte estoy en desacuerdo con esta idea ya que yo he sido usado con el don de hablar en lenguas y estoy consciente de lo que el Espíritu Santo está haciendo conmigo. Luego, Deiros dice (hablando del don de lenguas): «Es una expresión espontánea inspirada por el Espíritu Santo, en la que se utilizan los órganos normales para hablar, pero la mente no participa en forma consciente. Los idiomas hablados o cantados no han sido nunca aprendidos por el que los usa».[31]

Conclusión del capítulo III

En este capítulo hemos estudiado tres términos importantes relacionados con los dones del Espíritu. Estos términos son: *carisma*, *dones espirituales* y *manifestación*. Examinamos brevemente lo que los diccionarios y algunos estudiosos dicen sobre estos términos. Hemos visto que la palabra carisma no siempre se refiere a los dones del Espíritu sino también a los individuos en sí; también que no siempre aparece la palabra «dones» en las cartas de Pablo, y que también se pudo haber traducido, «cosas del Espíritu» o «cosas espirituales».

Asimismo, que las manifestaciones no solo se refieren a los dones, sino —incluso, y mayormente— al fruto del Espíritu, y que la doctrina pentecostal sitúa ambos términos (fruto y dones), como cosas distintas, pero como manifestaciones del Espíritu Santo.

En el capítulo siguiente —el último de esta parte uno— estaré enfocándome en el tema de los cesacionistas, de sus argumentos, y de cómo se puede dar una contestación contundente a tales argumentos.

Referencias:

[15] Samuel Vila-Ventura, *El nuevo diccionario bíblico ilustrado* (Barcelona: CLIE, 1985), 146.

[16] Ibid.

[17] Ibid.

[18] Ibid.

[19] D.S. Metz, *Primera epístola de Pablo a los Corintios; en Comentario Bíblico Beacon: Romanos hasta 2 Corintios (Tomo 8)* (Lenexa, KS: Casa Nazarena de Publicaciones, 2010), 457.

[20] Logos Bible Sofware, *Lexham Bible Dictionary* Biblia by Logos [version en línea] https://biblia.com/books/nlt/article/SPIRITUALGIFTS [Accedido 2/18/2024].

[21] Deiros, *Dones y ministerios*, 35.

[22] Ibid, 35-36.

[23] Donald Gee, *Spiritual gifs in the work of the ministry today* (Springfield, MO: Gospel Pub. House, 1963), 11.

[24] Ibid.

[25] Ibid.

[26] Ibid.

[27] George M. Flattery, "Speaking in Tongues: Its essence, purposes, and use (part 2)" AG Enrichment journal, invierno, 2015. https://enrichmentjournal.ag.org/Issues/2015/Winter-2015/Speaking-In-Tongues

[28] Frank Bartleman, *How Pentecost Came to Los Angeles*. [Los Ángeles: F. Bartleman, 1925. Reimpreso] (Plainfield, NJ: Logos International, 1980), 64.

[29] Stanely M. Horton, *Teología Sistemática: Una perspectiva pentecostal* (Miami, FL: Editorial Vida, 1996), 463-464.

[30] Deiros, *Dones y ministerios*, 219

[31] Ibid.

IV. LOS OTROS DONES

Pablo presenta una lista de nueve dones en 1 Corintios 12. Sin embargo, esta no es considerada una lista exhaustiva, ya que existen más dones, ministerios y operaciones mencionados en otros libros de la Biblia, en Romanos y en Efesios, por ejemplo.

Al aportar sobre los dones y ministerios, Pablo Deiros comenta:

La lista que el apóstol Pablo presenta en 1 Corintios 12, aunque no pretende establecer que existen dones superiores, es la más completa y normativa que se tiene. Esta lista responde a una necesidad específica en la iglesia de Corinto en la segunda mitad del siglo I, y aunque no sería correcto establecerla para toda iglesia en todo lugar, si es una guía excelente. Esta lista coincide mucho como la solución a los problemas que tal iglesia tenía en aquel entonces.[32]

El comentario de Deiros es pertinente y moderador, pues dice que no necesariamente las iglesias en todo el mundo y en todas las épocas tendrán las mismas necesidades, y merecerán las mismas soluciones a problemáticas particulares distintas; sin embargo, el espectro que el Espíritu Santo quiso dar en las conclusiones del Apóstol para Corinto respecto a los dones del Espíritu está escrito para que la iglesia de todos los tiempos cuente con una guía práctica, la cual, además, nos brinde mucho aliento, pues tenemos recursos en Dios para todos los casos.

Los dones que han sido ejercidos en los avivamientos

Aunque existe un universo superior de dones que el brindado por 1 Corintios 12, es interesante notar los dones que fueron ejercidos en los avivamientos que tuvieron lugar en la historia cristiana. Este ejercicio demuestra que los dones mencionados en 1 Corintios 12 no han cesado. Es natural que partamos de una adecuada exégesis de los pasajes bíblicos (cosa se siempre será la parte medular de cualquier doctrina cristiana); sin embargo, es importante también considerar las experiencias de la vida cotidiana y lo que quedó registrado en la historia de los avivamientos pentecostales a través de la historia, pues esto sirve de refuerzo a los hallazgos.

Los grandes avivamientos sucedidos en la historia de los Estados Unidos y en otras partes del mundo son conocidos ampliamente. Ya se ha mencionado el avivamiento de 1906 con el pastor William J. Seymour en la ciudad de Los Ángeles CA (conocido como el avivamiento de la calle Azusa), del cual, como hemos dicho también, nacieron varias denominaciones pentecostales, tales como las Asambleas de Dios y otras. Y este avivamiento tuvo un enfoque particular en los dones del Espíritu, ya que existe suficiente evidencia documentada de que los dones de 1 Corintios 12 estuvieron presentes. Respecto a esto Rodgers escribe:

> En el verano de 1906, estalló un avivamiento en la congregación recién formada que se reunía en la pequeña y destartalada Misión de Fe Apostólica en el 312 de la calle Azusa en Los Ángeles. Los críticos atacaron a la congregación porque su apacible predicador de la Black Holiness Church, William J. Seymour, predicaba la reconciliación racial y *la restauración de los dones espirituales bíblicos*. [énfasis mío].[33]

Desde entonces, las denominaciones pentecostales se han dado a conocer como aquellas que predican, enseñan y creen en el poder y el fuego del Espíritu Santo para honrar a Jesucristo. Las iglesias pentecostales clásicas creen en el bautismo en el Espíritu Santo y en la evidencia física inicial de hablar en otras lenguas; y esto como el empoderamiento para la extensión del evangelio a todo el mundo, como es mencionado por Jesucristo mismo en Hechos 1:8.

El pentecostalismo surgió a principios del siglo XX entre los partidarios radicales del movimiento de santidad que estaban animados por el avivamiento y la expectativa de la inminente segunda venida de Cristo. Ellos creyeron que estaban viviendo en los últimos tiempos, y que Dios estaba renovando espiritualmente la Iglesia —renovando los dones espirituales— para que el evangelio fuese llevado definitivamente a todo el mundo. En 1900, Charles Parham, un evangelista estadounidense y sanador por la fe en Dios, comenzó a enseñar que el hablar en lenguas era la evidencia bíblica del bautismo del Espíritu. Y luego, William J. Seymour enseñó que esta era la tercera obra de gracia.[34]

No obstante, la Biblia no solo menciona los dones de 1 Corintios, sino otros dones de Dios son también mencionados, aunque en este libro me estaré concentrando únicamente en los de 1 Corintios 12.

Los otros dones mencionados en el NT

La mayoría de los pentecostales y carismáticos en el mundo reconocen que la lista proporcionada por 1 Corintios 12 no es la única, y que Dios se mueve de manera omnímoda. El Señor es el dueño de los dones y los imparte como Él quiere a quien Él quiere.

Las Asambleas de Dios creen que los dones mencionados en el NT están en operación hoy. También las demás denominaciones pentecostales. Como es sabido, los nueve dones del Espíritu que se mencionan en 1 Corintios 12:8-10 **no** son los únicos que se mencionan en el NT, y existen también otras listas de dones, a saber, en Romanos 12:6-8, en 1 Corintios 12:28-30 y en Efesios 4:11. Así que, la posición de Las Asambleas de Dios es que, además de los nueve dones mencionados en 1 Corintios 12 (los cuales pueden reconocerse fácilmente como sobrenaturales y espontáneos, siempre bajo el control del Espíritu, y manifiestos en los creyentes obedientes y sensibles), la denominación reconoce las listas mencionadas en los otros pasajes. Estos dones adicionales son: el de servicio (Romanos 12:7); el de enseñanza (Romanos 12:7); el de exhortación (Romanos 12:8); el de dar a los necesitados (Romanos 12:8), el de liderazgo (Romanos 12:8), el de mostrar misericordia (Romanos 12:8); el de ayuda (1 Corintios 12:28), y el de administración (Romanos 12:8). Estos *otros* dones no son fácilmente reconocibles como sobrenaturales; sin embargo, «tienen su origen y energía en la obra del Espíritu Santo, quien soberanamente equipa a los creyentes para ser usados con regularidad, energía y conciencia al servicio de la Iglesia».[35]

Además de las listas que son mencionadas en la referencia anterior, está una más, la de 1 Pedro 4:10-11, en donde dice:

Cada uno según el don que ha recibido, minístrelo a los otros, como buenos administradores de la multiforme gracia de Dios. Si alguno habla, hable conforme a las palabras de Dios; si alguno ministra, ministre conforme al poder que Dios da, para que en todo sea Dios glorificado por Jesucristo, a quien pertenecen la gloria y el imperio por los siglos de los siglos. Amén.

En este último pasaje se menciona el don de hablar, el don de ministrar [la Palabra], e infiere una cantidad indeterminada de dones del Espíritu. Mientras que los dones de 1 Corintios 12 apuntan indudablemente a un ejercicio sobrenatural, no se precisa en qué medida los otros dones mencionados en los otros pasajes obedecen a habilidades naturales. Respecto a esta idea, el Baker's Evangelical Dictionary of Biblical Theology dice:

> Ningún texto nos permite determinar la relación entre los dones espirituales y los talentos o habilidades «naturales»; los ejemplos bíblicos sugieren que algunos se dan completamente *de novo* (por ejemplo, los profetas y los que hablan en lenguas en Hechos 19:6), mientras que otros se basan en una vida de preparación divinamente supervisada (como en el caso del apostolado de Pablo, preparado por su combinación única de antecedentes judíos, griegos y romanos). Al Espíritu se le debe dar libertad para dar sus dones de la manera que desee.[36]

Más adelante, en el mismo artículo, el diccionario evangélico Baker discute las palabras griegas *katargeō* (la que se usa en 1 Corintios 13:10) y *telos*. Entonces, al comentar sobre 1 Corintios 13, este dice: «No hay justificación léxica ni gramatical para traducir "las lenguas se acallarán [o cesarán] por sí solas"... ningún texto delata que los escritores del Nuevo Testamento sospecharan el fin de una era con la muerte de los apóstoles o con la finalización del canon. En cambio, la palabra *telos* [1:7] sí lo hace».[37]

La palabra griega *telos* —a la que el diccionario evangélico Baker se refiere— significa *fin, meta, propósito* o *finalización*. Esta palabra aparece en pasajes tales como Mateo 24:12-13 «y por haberse multiplicado la maldad, el amor de muchos se enfriará. Más el que perseverare hasta el fin, este será salvo»; 1 Timoteo 1:5 «Pues el propósito de ese mandamiento es el amor nacido de corazón limpio, y de buena conciencia, y de fe no fingida», y Filipenses 3:19 «el fin de los cuales será perdición, cuyo dios es el vientre, y cuya gloria es su vergüenza; que solo piensan en lo terrenal».

Hasta aquí hemos visto que existen otros dones además de los mencionados en 1 Corintios 12, y que los otros dones se diferencian de estos en que, mientras los de 1 Corintios 12 se producen de manera sobrenatural, los otros tienen alguna medida de intervención humana o son producidos meramente por talentos o habilidades naturales, aunque no dejan de ser dones otorgados por Dios y deben ser ejercidos para Su gloria. No obstante, estos otros dones mencionados en el NT, aunque otorgados por Dios, no podrían ser llamados *dones espirituales*. En la siguiente sección veremos que, para todos los dones mencionados en la Biblia (mayormente para los de 1 Corintios 12), tengan como fin la gloria de Dios, es necesaria la fe en Dios.

Todos los dones necesitan fe en Dios para ser ejercidos

¿Cuál es el ingrediente esencial para echar mano del poder de los dones otorgados por el Espíritu? Indudablemente este ingrediente es la fe. Conocer que los dones existen y están disponibles no es suficiente. El conocimiento respecto a los dones del Espíritu es muy importante; sin embargo, para que estos realmente sean puestos en operación, el pueblo del Señor necesita tener suficiente fe. Así es como lo vemos en las Escrituras, que los dones son manifestados mediante la fe y se ejercitan en orden y para la gloria y honra del Señor Jesucristo.

Las evidencias de que estos dones están disponibles hoy en día son palpables, pues son una enseñanza clara a través de la Biblia, y la historia constata su ejercicio en la Iglesia y mediante ella. Por tanto, como lo menciona Horton en su escrito, los dones siguen y continuarán siendo aprovechados por todo aquel que cree que el Espíritu Santo lo puede usar para el engrandecimiento de la obra de Dios en la tierra.

Horton también dice:

> Aunque la Biblia proporciona varias listas de dones, ninguna de ellas es completa en sí misma; más bien se trata de ejemplos de lo que el Espíritu Santo tiene disponible para los creyentes, y cada don puede ser considerado como una categoría o clase que puede tener una variedad de expresión. Los dones también implican la cooperación entre el creyente y el Espíritu Santo, puesto que este distribuye los dones según Él lo determine; no obstante, a los creyentes se les ordena también a desear ardientemente estos dones espirituales (1 Corintios 12:11; 14:1). [38]

Conclusión del capítulo IV

En este capítulo hemos visto que los dones mencionados en 1 Corintios 12 son una de las varias listas que son mencionadas en el NT. Sin embargo, existe una particularidad importante en los de la lista de 1 Corintios 12: que estos son llamados *dones espirituales* porque son ejercidos de manera sobrenatural por el Espíritu Santo a través de la persona que los ha recibido, mientras que los demás dones tendrán —en mayor o menor medida— una participación importante del ser humano, con sus *dones naturales*.

Asimismo, he dicho en este capítulo que los dones de 1 Corintios 12 fueron los que se promovieron y ejercieron en los avivamientos pentecostales, empezando por el gran avivamiento narrado en el Libro de los Hechos, pero también, en el avivamiento de la calle Azusa. Este último tuvo con meta específica el resurgimiento de los dones de 1 Corintios 12.

Para que todos los dones mencionados en las listas del NT sean para la gloria de Dios es necesario tener fe en Él. No obstante, una mayor dosis de fe será necesaria para el ejercicio de los dones de 1 Corintios 12, aunque existe un don en particular que precisamente se llama *don de fe*, de este también estaré comentando en los capítulos siguientes.

Referencias:

[32] Deiros, *Dones y ministerios*, 63.

[33] Darring J. Rodgers, "From Azusa Street to Cleveland: How the book of Acts was repeated in Ohio in 1906", Flower Pentecostal Heritage Center, May 13, 2021. https://ifphc.wordpress.com/tag/azusa-street-revival/

[34] Los que creen en estas tres obras de gracia enseñan que hay tres obras o pasos que Dios usa para controlar y guiar completamente las vidas de sus hijos creyentes. Estas tres obras de gracia son: 1) la justificación, 2) la santificación, y 3) el bautismo o inmersión en el Espíritu Santo.

[35] Las Asambleas de Dios, "La ordenación: El reconocimiento de un llamado al ministerio", 4 de agosto de 2020. https://ag.org/es-ES/Beliefs/Position-Papers/Ordination---The-Recognition-of-a-Call-to-Ministry

[36] Baker's Evangelical Dictionary of Biblical Theology, "Holy Spirit, Gifts of", Study Light.org, 1996. https://www.studylight.org/dictionaries/eng/bed/h/holy-spirit-gifts-of.html

[37] Ibid.

[38] Ibid.

V. LOS CESACIONISTAS

Cuando se hace un estudio de los dones del Espíritu habrá de darse respuesta a las preguntas que tal estudio genera: ¿cómo es que estos dones les fueron repartidos? ¿por qué? ¿quién específicamente los puede recibir?, y ¿cómo es que éstos no pueden ser revocados? Las Escrituras declaran que el Espíritu Santo ha repartido los dones y ministerios a cada uno como Él quiso a fin de que cada uno cumpla con su llamado (1 Cor. 12:11); por tanto, es muy necesario conocer las respuestas a estas preguntas. Cada iglesia cristiana necesita conocer a fondo el tema.

Responsabilidad de los líderes eclesiásticos de dar educación sobre los dones

Existe hoy un considerable número de personas que se están convirtiendo al cristianismo y que están leyendo la Biblia; sin embargo, muchas de ellas carecen de la instrucción —y por ende del entendimiento—, respecto al significado real, y a la aplicación, de los dones del Espíritu (y esto incluso en algunos círculos pentecostales). Se habla de dones de lenguas y de sanidades en las iglesias, pero no existe un entendimiento de lo que éstos significan. Es por tanto necesario que exista un mayor análisis bíblico y se hagan estudios serios respecto al tema de los dones del Espíritu. Rodeados de ideas difundidas por otros muchos teólogos cristianos no pentecostales, hay quienes enseñan que los dones ya no están vigentes; y es tanta la confusión, que aún algunos maestros pentecostales han empezado a convencerse de que los dones (y algunos ministerios) cesaron cuando se cerró el canon de la Iglesia.

Estas ideas confunden a los nuevos cristianos, quienes no tienen una enseñanza clara respecto al tema, y que, por carecer de este conocimiento tan valioso, su fe en estas áreas no ha podido crecer. Su falta de conocimiento y fe respecto a los dones y ministerios ha impedido a la Iglesia del Dios vivo experimentar los regalos del Espíritu

[35] LOS DONES DEL ESPÍRITU SANTO

Santo, producto de la investidura del poder mencionado por Jesús en Hechos 1:8. Es por tanto imperativo que los líderes de las iglesias —mayormente los pastores— tengan un compromiso serio con Dios para enseñar a sus congregaciones de este tema tan importante, y lleven así de la mano a los conversos a una vida de santidad en la búsqueda de Aquel que hace todo posible, el Espíritu Santo.

Estos dones son la respuesta a lo que menciona Pedro en el Libro de los Hechos, y da sustento para lo que los continuistas enseñan: que los dones del Espíritu no solo fueron para los judíos del tiempo de la iglesia primitiva, sino para todos los creyentes que vendrían hasta la segunda venida de Cristo. El pasaje bíblico al que se hace referencia es el siguiente: «Pedro les dijo: Arrepentíos, y bautícese cada uno de vosotros en el nombre de Jesucristo para perdón de los pecados; y recibiréis el don del Espíritu Santo. Porque para vosotros es la promesa, y para vuestros hijos, y para todos los que están lejos; para cuantos el Señor nuestro Dios llamare» (Hechos 2:38-39).

Pablo Deiros comenta en su libro titulado *Sanidad cristiana integral* la existencia de algunas teorías falsas, las cuales algunos enseñan en relación a que los dones ya cesaron; a estas personas se les ha llamado *cesacionistas* (estos dicen que los dones cesaron al morir el último de los apóstoles); unos dicen que todos los dones han cesado, mientras que otros dicen que solo algunos de ellos, y no todos, han cesado. Deiros continúa diciendo en su libro:

> Lamentablemente existe un número de evangélicos en estos días que afirman que los milagros, las señales, los prodigios, las sanidades, la liberación de demonios y otros dones ya no están en operación; estas personas se han aferrado a esta posición sin considerar el amplio testimonio de las Escrituras en el sentido contrario. Por ello, es sumamente importante que se examinen las evidencias de la Biblia a fin de tener un claro entendimiento de la misión de Jesús y de los apóstoles, y de cómo estos dones eran y son indispensables para el cumplimiento de dicha misión. Si esta comprensión es precisa y cubre todas sus partes, el desempeño de quienes luchan para cumplir con esa misión será fiel y efectiva.[39]

Argumentos en contra de los cesacionistas

No hace falta tener un diploma teológico para entender lo que la Biblia fehacientemente dice, esto es, lo que el Espíritu Santo dice acerca de lo que Él ha hecho, y de lo sigue y seguirá haciendo con su pueblo, y con todos aquellos que creen en Él y se dejen usar para la gloria de Jesús.

Quienes creen que los dones han cesado, virtualmente no tienen apoyo escritural para su posición. Apenas si logran citar unos pocos textos, los cuales son tratados con eiségesis. Uno de los argumentos que ellos presentan es que los dones carismáticos fueron dados para respaldar a los apóstoles y cesaron cuando el último de ellos murió. Hablando de este argumento, Ron Phillips cita a Siegfried Schatzmann en su libro. Schatzmann, quien fue profesor de Nuevo Testamento en el Southwestern Baptist Theological Seminary [Fort Worth, TX], descarta el argumento cesacionista por carecer de una exégesis minuciosa; él dice que las bases no son bíblicas, sino históricas, simples presuposiciones de los cesacionistas.[40] Un segundo argumento que combate Phillips en su libro es que los dones cesaron cuando el canon bíblico fue finalmente conformado. Para apoyar esto, los cesacionistas citan 1 Corintios 13:8-10: «El amor nunca deja de ser; pero las profecías se acabarán, y cesarán las lenguas, y la ciencia acabará. Porque en parte conocemos, y en parte profetizamos; mas cuando venga lo perfecto, entonces lo que es en parte se acabará». Según este argumento, los dones espirituales (gr. *carismata*) eran temporales hasta que viniese *lo perfecto*, y *lo perfecto* es el tiempo cuando las Escrituras fuesen totalmente conformadas. Sin embargo, este argumento no es correcto, más bien, como dicen Archibal Robertson y Alfred Plummer en el *International critical commentary* [Comentario crítico internacional]: «Esto de *lo perfecto* es una referencia a la segunda venida de Cristo; pues no dice que es cuando el cristiano alcance la perfección en este mundo».[41] «El pasaje se refiere» —continúa diciendo Phillips— «a la promesa de la segunda venida, que representa la perfección que viene al cristiano. Así que, cuanto esto haya venido —y solo hasta entonces—, los *carismata* cesarán.[42]

[37] LOS DONES DEL ESPÍRITU SANTO

Wayne Grudem, en su libro ¿*Son vigentes los dones milagrosos?*, da un aporte excelente respecto a los dones, él dice que existen cuatro posiciones. Menciona en primer lugar a los cesacionalistas: «Estos dicen que los dones de profecía, del hablar en lenguas y de las sanidades estaban circunscritos al primer siglo, fueron utilizados por los apóstoles cuando establecían iglesias, y que estuvieron vigentes hasta que el Nuevo Testamento fuese completado (esta posición es a menudo defendida por los estudiosos evangélicos)».[43] Dice también: «Las otras tres posiciones corresponden a los que enseñan que los dones están vigentes, y estas también corresponden a tres grupos: los *pentecostales*, los *carismáticos*, los *neocarismáticos* (de la tercera ola)».[44] Aunque la gente en ocasiones utiliza los términos *pentecostal* y *carismático* indiscriminadamente para referirse a todos estos grupos, los términos se entienden mejor de la siguiente manera: una denominación *Pentecostal* es aquella que tenga sus orígenes en el avivamiento pentecostal que comenzó en los Estados Unidos en 1901, y que mantiene su doctrina así: (1) todos los dones del Espíritu Santo mencionados en el Nuevo Testamento continúan vigentes hoy; (2) el bautismo en el Espíritu Santo es una experiencia poderosa subsecuente a la conversión, y debería ser buscado por todos los cristianos en la actualidad, y (3) cuando el bautismo en el Espíritu Santo tiene lugar, las personas hablarán en lenguas como una «señal» de que han vivido esa experiencia. Los grupos pentecostales normalmente tiene sus propias estructuras denominacionales distintivas, entre las cuales están las Asambleas de Dios, la Iglesia de Dios en Cristo, y muchas otras. Respecto a esto, Grudem también dice: «Los carismáticos incorporan los dones a sus propias tradiciones cristianas [bautistas carismáticos, católicos carismáticos, metodistas carismáticos, etc.]. Mientras que los neocarismáticos forman sus propios grupos».[45] Mientras que los pentecostales y los carismáticos creen en el bautismo en el Espíritu Santo como una segunda obra de gracia posterior al nuevo nacimiento, y que la evidencia del bautismo es hablar en lenguas, los neocarismáticos creen un poco diferente. Grudem los define así: «[ellos] no creen que el bautismo sea una obra de gracia distinta a la salvación (los dones se pueden ejercer sin necesidad del bautismo en el Espíritu Santo), y no creen tampoco que las lenguas sean señal de tal bautismo».[46]

Otra posición que podría ser útil mencionar es la del Dr. John MacArthur en su libro *Fuego Extraño*. Este escritor —de línea bautista cesacionalista—, en su libro, generaliza inmisericordemente al condenar a todos los que creen que los dones del Espíritu están vigentes, y menciona algunos ejemplos aislados que no proveen pruebas suficientes de lo contrario. En sus explicaciones, él hace referencia a algunos grupos que están lucrando con los dones; sin embargo, ni esto es algo que pueda afirmarse de todos los que creen en los dones, ni su fórmula hermenéutica es coherente para brindar alguna credibilidad a sus aseveraciones; tan es así, que no es capaz de mencionar ni siquiera tres pasajes bíblicos que respalden su postura (cosa que va diametralmente en contra de los principios hermenéuticos).

Al llamar *continuacionistas* a los que creen que el ejercicio de los dones está vigente, MacArthur dice: «Cualquier impresión personal o fantasía pasajera puede ser catalogada como "el don de profecía", que el hablar alguna jerga se le llama "el don de lenguas", que a toda providencia notable se le designa como "un milagro", y que cada respuesta positiva a las oraciones por sanidad prueba "el don de sanidad"».[47] Para MacArthur, no es así como el Nuevo Testamento describe estos dones; y agrega: «El hecho de que se aplique una terminología bíblica a algo que no corresponde con la práctica es confuso y peligroso: crea un sentimiento de culpabilidad en las personas».[48]

Por su parte, Lester Sumrall, en su libro *The Gifts and Ministries of The Holy Spirit* [Los Dones y Ministerios del Espíritu Santo] relata la historia vivida con el Rev. Howard Carter, y de cómo Dios usaba grandemente a Carter en los dones del Espíritu. Él dice: «Mediante mi relación con Howard Carter —escuchándolo dar conferencias en Indonesia, Australia, China, Japón, Polonia, Inglaterra, Sudamérica y Estados Unidos— adquirí un conocimiento de primera mano respecto a la operación del Espíritu Santo».[49] Relata también el momento en que Howard Carter le puso las manos encima: «[Howard Carter dijo]: "La vida espiritual y la fe que hay en mi corazón, las puse en ti". En ese momento temblé y estoy seguro de que la fe que Carter tenía en su corazón estaba siendo puesta en el mío. Howard Carter fue un hombre que supo dar definición a los dones el Espíritu».[50]

Sumrral dice también:

Los pentecostales y carismáticos han tomado el legado de Cristo Jesús —legado que comenzó a otorgarse hace 2, 000 años— al creer que los dones no solo serían otorgados para la primera generación de cristianos, sino para todo aquel que creyera en Dios, sin fecha de caducidad. Por este motivo, los dones continúan otorgándose sin cesar hasta el día de hoy hasta el retorno de Cristo. Hoy se vive el glorioso cumplimiento de la profecía de Joel: «Y después de esto derramaré de mi Espíritu sobre toda carne, y profetizarán vuestros hijos y vuestras hijas; vuestros ancianos soñarán sueños, y vuestros jóvenes verán visiones. Y también sobre los siervos y sobre las siervas derramaré mi Espíritu en aquellos días» (Joel 2:28-29).[51]

Referencias:

[39] Pablo Deiros, *Sanidad cristiana integral* (Buenos Aires: Publicaciones Proforme, 2008), 87.

[40] Siegfried Shatzmann, *A Pauline Theology of the Charismata* (Peabody, MA: Hendrickson Publishing, 1989), 78.

[41] Archibald Robertson, Alfred Plummer, *A Critical and Exegetical Commentary on the First Epistle to the Corinthians* (Edinburgh T & T Clark, 2nd Edition, 1914), 297.

[42] Ron Phillips, *Una guía esencial para los dones del Espíritu: Fundamentos sobre el Espíritu Santo, libro 4* (Lake Mary, FL: Casa Creación, 2012) 36.

[43] Wayne A. Grudem, *¿Son vigentes los dones milagrosos?: Cuatro puntos de vista* (Barcelona: clie, 2008), 19.

[44] Ibid.

[45] Ibid.

[46] Ibid.

[47] John MacArthur, *Fuego Extraño: El peligro de ofender al Espíritu Santo con una adoración falsa* (Nashville, TN: G. Lelli, Ed.; Grupo Nelson, Una división de Thomas Nelson Publishers, 2014), 234.

[48] Ibid.

[49] Lester Sumrall, *Los dones y ministerios del Espíritu Santo* (New Kensington, PA: Whitaker, 2010) 18.

[50] Ibid.

[51] Ibid, 20.

PARTE DOS:
LOS DONES DEL ESPÍRITU EXPLICADOS

INTRODUCCIÓN

En este libro se consideran tan solo los nueve dones del Espíritu Santo referidos por el apóstol Pablo en 1 Corintios 12. Y en los capítulos subsecuentes estaré contestando a las preguntas de cómo es que Dios los da, cómo se pueden obtener, y de cómo el poder de Dios derivado de ellos fue usado a la manera de los hombres y mujeres de la Biblia, y en particular de los que se registran en la historia de la iglesia primitiva. Asimismo, hablaré someramente (ya que me extenderé más en la parte tres) de cómo es que estos dones han trascendido a través de los tiempos, y pueden ser usados en nuestros días. De esta manera el pueblo cristiano pentecostal tendrá un entendimiento mejorado respecto a este tema tan importante.

En esta parte dos estaré haciendo una revisión breve de la literatura que trata el tema y brindaré mis comentarios circunscritos a la definición de cada don, de si este trabaja en conjunto con algún otro o si es independiente; de cuál es su clasificación; de qué manera se diferencia de otro(s) don(es) parecido(s); de cómo se usa en nuestros días, es decir, de su aplicación, etc. Debo decir también que toda esta información tiene carácter de introductoria debido a todo lo que se ha dicho y se podría decir todavía respecto al gran tema de los dones espirituales.

Parto de la premisa de que los nueve dones mencionados en 1 Corintios 12 son los más importantes; no porque los otros no lo sean, ni porque los otros no tengan también su lugar en el engrandecimiento del cuerpo de Cristo, sino porque mientras que los otros dones mencionados en los otros pasajes —los que ayudan, los que administran, los que sirven, los que enseñan, los que lideran, los que hacen misericordia y los que dan ánimo— todos estos también podrían ejercerse con la ayuda del Espíritu, no pertenecen tanto a un campo sobrenatural como lo son los dones del Espíritu de 1 Corintios 12: 4-10. Todos los dones que da el Espíritu son importantes; sin embargo, Cristo sabía que, para que su Iglesia pudiera ser extendida por todo el mundo, se necesitaba lo sobrenatural. Enfatizo, por tanto, su carácter sobrenatural. Jesucristo mismo dio el ejemplo en su propio ministerio, y encargó a sus discípulos —y a la Iglesia de todos los tiempos— a hacer lo que Él hizo hasta su regreso. La manifestación de los dones del Espíritu Santo de 1 Corintios 12:4-10 es lo que precisamente hizo que la Iglesia del Señor avanzara tanto en tan poco tiempo en el siglo I —extendiéndose por todo el mundo, el mundo en aquel entonces conocido—; y luego avanzara tan tremendamente desde el siglo XX y hasta hoy.

Nota preliminar a la parte dos

Como una nota preliminar a la parte dos presentaré una clasificación de los dones. Pueden existir varias clasificaciones de los dones espirituales; sin embargo, la más común es la siguiente:

Dones de revelación: los dones que dan a conocer el conocimiento de Dios

- *Palabra de sabiduría*: una revelación sobrenatural de la voluntad y propósito de Dios.
- *Palabra de ciencia o conocimiento*: una revelación de los hechos pasados o presentes dada por el Espíritu.
- *Discernimiento de espíritus*: la capacidad dada sobrenaturalmente por Dios para identificar las influencias espirituales (si son de Dios, del enemigo o de la carne).

Dones de poder: dones que manifiestan al Dios omnipotente

- *Don de fe*: una confianza sobrenatural en Dios para lo que es humanamente imposible.
- *Dones de sanidades*: poder sobrenatural para sanar enfermedades milagrosamente.
- *Dones de milagros*: manifestaciones sobrenaturales de Dios en general.

Dones de inspiración (o vocales): aquellos que manifiestan la voz de Dios

- *Don de profecía*: mensaje inspirado por Dios para la edificación, la exhortación o el consuelo de los creyentes.

- *Don de diversos géneros de lenguas*: capacidad sobrenatural dada por Dios para hablar en idiomas jamás aprendidos por el hablante.

- *Interpretación de lenguas*: capacidad dada por Dios para interpretar un mensaje dado en lenguas.

Esta clasificación general servirá como base para el entendimiento más específico de los dones espirituales, la cual estaré dando en los capítulos que siguen.

VI. EL DON DE SABIDURÍA

La Real Academia Española define la palabra sabiduría como: a) Un grado más alto del conocimiento; b) Conducta prudente en la vida o en los negocios; y c) Conocimiento profundo en ciencias, letras o artes. [52]

No obstante y la definición secular de la palabra sabiduría, los cristianos saben que la sabiduría no solo es tener conocimiento de algo, sino la manera correcta y oportuna de aplicar ese conocimiento. Es decir, existe un elemento *místico* en la palabra sabiduría misma; pues no se trata de un simple conocimiento más alto, ni de una simple perspicacia, sino de tener la mente de Dios para pensar, hablar o actuar, esto es, conocer la perspectiva de Dios para tomar los caminos correctos.

Hay varias palabras para la palabra sabiduría en la Biblia, pero las más comunes son las del hebreo *hakham* y del griego *sophía*. Estas palabras siempre se refieren a la comprensión que tiene Dios de las cosas, y siendo que su comprensión es infinita y perfecta, Él es la fuente de toda la sabiduría y de todo el buen o correcto hacer en el mundo. Por tanto, la Biblia señala que el principio de la sabiduría es la simple comprensión de que existe sobre la humanidad una autoridad superior, el Creador de todas las cosas, quien hace responsable a cada uno de sus actos y que un día se establecerá como juez de vivos y muertos, es decir, sobre todo ser humano que ha pisado este mundo. Lo anterior mencionado es una explicación de lo que significa el temor a Dios (Proverbios 1:7), y este es el principio de la sabiduría. A continuación, se estará hablando de la sabiduría como uno de los dones del Espíritu (de algo sobrenatural), y no de las capacidades que el ser humano pudiere tener de forma natural.

¿Qué es el don de sabiduría?

Como lo menciona la Biblia, este don implica recibir y comunicar la sabiduría divina para tomar decisiones y guiar a otros en situaciones específicas. S. J. Kistemaker, en su comentario al Nuevo Testamento, al comentar sobre 1 Corintios, menciona el don de sabiduría como el primer don pedagógico de Dios. Kistemaker dice:

> Este don se encarga de comunicar el contenido del evangelio por medio del Espíritu Santo, y la información que Él quiere compartir a los creyentes. También dice que el don de sabiduría tiene que ver con la habilidad de hablar de lo que Dios sabe, y que eso viene a los creyentes exclusivamente mediante el Espíritu Santo. Dice que la sabiduría de Dios contrasta con la sabiduría humana, como también se menciona en 1 Corintios 2:6-7.[53]

Carleton A. Toppe, en su comentario bíblico, acentúa que los dones han sido distribuidos por el Espíritu para el bien de todos, y que este era un concepto que necesitaba remarcarse en la iglesia de los corintios. ¿Por qué? Porque en esta iglesia había divisiones (1 Cor. 1:10; 11:18).[54] Toppe dice: «Ellos eran separatistas, exclusivistas, hacían grupos, por tanto, necesitaban que Pablo les recordara que los dones no eran ni son para el prestigio personal ni el de un grupo sino para servir a todos los creyentes».[55]

El don de sabiduría mencionado en 1 Corintios 12 se refiere a la capacidad de comprender, interpretar y aplicar la enseñanza y los principios divinos prudencialmente en la vida diaria. Este don permite discernir la voluntad de Dios y tomar decisiones basadas en su mente. Es un don valioso que ayuda a edificar y guiar a la iglesia a vivir de acuerdo con los propósitos de Dios.

El don de sabiduría es esencial para la vida cristiana, ya que las cosas del Espíritu no pueden discernirse con la mente humana meramente (1 Cor. 2:14), y siendo el don de sabiduría algo sobrenatural, el Espíritu Santo ayuda al creyente a entender más allá de la mera capacidad psíquica o mental. El don de sabiduría ayuda al creyente a discernir entre lo verdadero y lo falso, y guía al cristiano a través de senderos que para la mente natural podrían parecer irracionales; sin embargo, el fruto de ellos es de bien para la salvación y la santidad, su fruto siempre será para vida eterna. Así que, el don de sabiduría ayuda al cristiano a vivir de acuerdo con los propósitos de Dios, haciendo su voluntad en todas las áreas de su vida.

Es importante insistir en que el don de sabiduría no se obtiene a través de los esfuerzos personales, sino que es un regalo dado por el Espíritu Santo. No obstante, este don es asequible a los creyentes a través de la oración y la búsqueda de una relación íntima con Dios. Al confiar en Él y depender de su sabiduría, todo hijo/hija de Dios podrá experimentar una vida llena de discernimiento y dirección divina.

El don de sabiduría en conjunto con el de ciencia

Mark Taylor, en su comentario a 1 Corintios 12, dice que los primeros dos dones tenían una importancia especial para los corintios. Los dones de palabra de sabiduría y palabra de ciencia se mencionan uno seguido del otro, y para Taylor su distinción no está clara. [56]

Así, el don de sabiduría, podría operar en conjunto con el don de ciencia, ya que, mientras el don de ciencia —como lo veremos más adelante— otorga de Dios la revelación de cierto conocimiento respecto a cosas desconocidas de los asuntos humanos, o bien de algo que está en las Escrituras, el don de sabiduría corresponde a la perspectiva de Dios para la acción, la aplicación del conocimiento divino a una situación dada. No obstante, estos dos dones pueden operar cuando, por ejemplo, Dios revela algo profundo en las Escrituras (don de ciencia), que tenga directa aplicación a un problema, y el don de sabiduría dice al individuo los detalles de tal aplicación.

Con el don de ciencia alguien podrá acceder y comprender la información (conocimiento) del arsenal de conocimiento de Dios; y mediante el don de sabiduría el individuo podrá discernir el mejor curso de acción o aplicación de esa información —basándose en una comprensión más profunda de la situación— a fin de tomar decisiones sabias, incluso en escenarios complejos. Esencialmente, el conocimiento proporciona los hechos, mientras que la sabiduría otorga dirección para usar esos hechos de manera efectiva.

De qué manera puede presentarse el don de sabiduría

Siendo el don de sabiduría algo que viene del Espíritu para actuar o tomar decisiones y que impulsa a la Iglesia del Señor a la acción, es útil conocer de qué maneras este don podría tener operación. Hablando sobre ello, Pablo Deiros, en su libro *Dones y ministerios*, hizo una investigación respecto a las veces en que este don se presenta en la Biblia. Él concluye: «El don de palabra de sabiduría puede ejercerse mediante varios medios: profecía, palabra, visión, sueño, visitación angelical, lenguas e interpretación. En ocasiones los medios son audibles, pero en otros casos se trata de una percepción mental muy patente y clara. En otras ocasiones, la persona podría leer el mensaje como si estuviese escrito en el aire».[57] No obstante todo lo anterior, Deiros dice también: «En la mayoría de los casos, la palabra de sabiduría es simplemente un texto o una porción de la Biblia que tiene mucho sentido para la persona quien recibe esta palabra, y la recibe para edificación de la iglesia en algún momento preciso».[58]

Los comentarios de Deiros se parece más a la definición del don de ciencia que he mencionado antes; es por ello que podemos decir que ambos dones operan muchas veces en conjunto e incluso es difícil diferenciarlos.

Diferencia entre la sabiduría de Dios y la sabiduría humana

En esta sección se ahondará más respecto a la diferencia entre la sabiduría de Dios y la sabiduría humana. Existen dos pasajes que denotan esta diferencia. El primero es el siguiente:

> Sin embargo, hablamos sabiduría entre los que han alcanzado madurez; y sabiduría, no de este siglo, ni de los príncipes de este siglo, que perecen. Mas hablamos sabiduría de Dios en misterio, la sabiduría oculta, la cual Dios predestinó antes de los siglos para nuestra gloria, la que ninguno de los príncipes de este siglo conoció; porque si la hubiesen conocido, nunca habrían crucificado al Señor de gloria. Antes bien, como está escrito: Cosas que ojo no vio, ni oído oyó, Ni han subido en corazón de hombre, Son las que Dios ha preparado para los que le aman. Pero Dios nos las reveló a nosotros por el Espíritu; porque el Espíritu todo lo escudriña, aun lo profundo de Dios (1 Corintios 2:6-10).

El pasaje dice que la sabiduría de Dios pertenece a los que han adquirido *madurez*. Así que: 1) *La sabiduría de Dios es solo para los maduros*: la palabra aquí traducida como *madurez* es del griego *teleios*, la cual significa traer al final, edad madura, completo, de integridad consumada, de virtud completa, adulto. Esta palabra tiene aplicación a varias esferas: la laboral, el crecimiento físico, mental y el carácter moral. Por tanto, la sabiduría espiritual no pertenece a los niños espirituales, ni a los indoctos en las cosas del Señor. Adam Clarke hace aquí un comentario relevante. Él dice:

> Se debe entender respecto a los *perfectos* [maduros] los cristianos de mayor conocimiento y logros, aquellos que fueron plenamente instruidos en el conocimiento de Dios por medio de Cristo Jesús. Nada, a juicio de Pablo, merecía el nombre de sabiduría excepto esta idea. Y aunque se disculpa por no haber acudido a ellos con excelencia de palabras o de sabiduría, se refiere a lo que se consideraba sabiduría entre los griegos y que, a los ojos de Dios, era mera locura en comparación con la sabiduría que venía de arriba.[59]

Si se hace una breve exégesis del pasaje, se podrán distinguir siete elementos: 1) *Pablo no fue a los corintios con sabiduría humana*: es decir, con la sabiduría de los griegos, sino con la sabiduría que viene de Dios. 2) *No se trata de la sabiduría del mundo*: Pablo pone de ejemplo a los que dicen tener sabiduría, esto es, a los gobernantes. La palabra griega que se traduce aquí como *siglo* es del griego *aiōn*, la cual tiene una connotación de tiempo indefinido, es decir, algo que, aunque es pasajero, es permanente en la tierra, su morada es terrenal. Esta palabra también se traduce como mundo(s), universo y edad. Por otro lado, la expresión *Los príncipes de este siglo* significa los gobernantes terrenales, los que solo administran las cosas de aquí. 3) *La sabiduría de Dios es una sabiduría oculta*: la cual Dios determinó revelar hasta los últimos días. La palabra griega utilizada aquí es *mystērion* que significa *algo secreto, algo que no es de fácil entendimiento, algo que solo puede ser gobernado por Dios*. 4) *La sabiduría de Dios produce gloria para los cristianos perfectos [maduros]*: No solo gloria para Dios, pero también gloria para la Iglesia. 5) *La sabiduría de Dios es algo sobrenatural y produce milagros*:

«Cosas que ojo no vio, ni oído oyó...» 6) *Han sido preparadas para los que aman a Dios*: Esta frase se parece a la de Romanos 8:28, «los que aman a Dios»: aquellos que han hecho de Dios el objeto de todo su amor, que le aman por sobre todas las cosas. 7) *La sabiduría de Dios únicamente puede ser mediante el Espíritu Santo*: No existe ninguna otra manera en que pueda ser revelada.

El segundo pasaje es el que habla de la diferencia entre la sabiduría de Dios y la humana:

> ¿Quién es sabio y entendido entre vosotros? Muestre por la buena conducta sus obras en sabia mansedumbre. Pero si tenéis celos amargos y contención en vuestro corazón, no os jactéis, ni mintáis contra la verdad; porque esta sabiduría no es la que desciende de lo alto, sino terrenal, animal, diabólica. Pero la sabiduría que es de lo alto es primeramente pura, después pacífica, amable, benigna, llena de misericordia y de buenos frutos, sin incertidumbre ni hipocresía (Santiago 3:13-17).

El pasaje distingue varias cosas importantes: 1) *que el sabio tiene una conducta de buenas obras, y que estas obras son mostradas con mansedumbre*. Este pasaje se parece al que dijo Jesús: «Así alumbre vuestra luz delante de los hombres, para que vean vuestras buenas obras, y glorifiquen a vuestro Padre que está en los cielos» (Mateo 5:16). La palabra griega aquí traducida como *muestre* es *deiknyō*, la cual significa exponer a los ojos de alguien, dar evidencia o prueba de una cosa. Por tanto, no es falta de sabiduría mostrar con humildad las obras, siempre y cuando estas obras sean para la gloria de Dios. 2) *Contrasta la sabiduría divina con la sabiduría humana*, esta última procede de la carne: celos amargos, contención. Quien tiene una sabiduría que no proviene de Dios no se alegra del conocimiento y de los talentos de otros, sino que cela y contiende al hermano. También es mentirosa y falsa. 3) *La sabiduría humana —cuando es movida por la carne— es terrenal* (gr. *epigeios*), y *sensual* (gr. *psychiko*). Esta última palabra es de particular atención porque *psychikos*, significa aquello que pertenece al aliento terrenal, particularizado a la vida animal; también a lo que está gobernado por los sentidos naturales y en sujeción a los apetitos y las pasiones. En otras palabras, la sabiduría del mundo es una sabiduría que se alimenta de los sentidos y que pertenece solamente a la naturaleza, al mundo visible, y hace eco con los apetitos y las pasiones humanas. Es lógica, de hecho, de la palabra *psychikos* proviene la palabra psiquis o mente: lo que no resulte lógico no es sabio o prudente. Al fin este tipo de sabiduría se convierte en el instrumento de satanás, es diabólica. Lo científico se convierte en inmoral y perverso; exactamente lo que ocurre en estos días. 4) Finalmente, el pasaje habla de las características de la sabiduría de Dios. El apóstol Santiago habla de ocho elementos que corresponden a la sabiduría divina: pureza, cordialidad [es pacifica], amabilidad, benignidad, misericordia, buenos frutos, carencia de incertidumbre y carencia de hipocresía.

> Mark Taylor también dice:
>
> Una «palabra de sabiduría», según lo expresa el Apóstol, es exactamente lo contrario a las «palabras elocuentes» (1 Cor. 1:17), esto es, un ingenioso discurso humano en donde la cruz de Cristo no es algo central o medular. Dice también que la frase «palabra de sabiduría» se distingue por ser una palabra [hasta cierto punto] ingenua, pero que procede del Espíritu Santo como una dotación especial (12:8). No obstante, Pablo aclara que, aunque todos los creyentes pueden tener una medida de sabiduría y de ciencia, el don del Espíritu es algo especial otorgado a algunos individuos para el beneficio de todos los demás.[60]

La sabiduría de Dios es lo que distingue al cristiano del incrédulo, y produce las obras de Dios en los creyentes. No obstante, la sabiduría de Dios no es sinónimo del don de sabiduría. De esto se estará hablando a continuación.

La diferencia entre la sabiduría de Dios y el don de sabiduría

Aunque tanto la sabiduría de lo alto como el don de sabiduría provienen de Dios, no son lo mismo. La sabiduría de Dios se puede utilizar para la vida diaria y está disponible a todos los cristianos. La sabiduría de Dios, como ya se ha explicado, es dada a los maduros en la fe, proviene de Dios (básicamente de la Biblia), y es muy diferente a la sabiduría del mundo. No obstante, el don de *palabra de sabiduría* es la revelación sobrenatural del Espíritu Santo respecto a un propósito divino: es la declaración de la mente y el consejo de Dios mostrando *el que, el por qué, el dónde, el cuándo,* y *el cómo* de un problema, y la solución es dada sobrenaturalmente. La palabra de sabiduría no es sabiduría humana, ni corresponde a las destrezas que se adquieren con las experiencias de la vida. No es la prudencia adquirida por el conocimiento de la Palabra. La palabra de sabiduría podría ser comunica a través de diferentes manifestaciones: sueños, revelación directa de Dios, voz audible, ángeles, etc.

En el comentario a 1 Corintios, Wood, G. O., Hernando, J., Woodworth, F., Muñoz, E. & Q. McGhee, dicen lo que ellos piensan que es el don o palabra de sabiduría y su diferenciación con la sabiduría de Dios. Estos términos no son lo mismo en su sentido y aplicación como las Escrituras también lo mencionan. Wood, Hernando, Woodworth, Muñoz y McGhee dicen:

> El don de sabiduría se refiere a la aplicación de conocimiento a una situación o problema específico, esta revelación es un entendimiento de Dios que capacita a la persona para actuar. La sabiduría diaria de Dios para la vida es diferente al don espiritual de sabiduría de 1 Corintios 12:8. Ambas cosas provienen de Dios, de modo que hay un sentido en que ambas son sabiduría espiritual. Dios da luz diaria al cristiano mediante el camino de las Escrituras (Sal 119:105). Sin embargo, el don espiritual de sabiduría no es luz común; es un destello de luz, un momento sobrenatural de entendimiento para solucionar un problema.[61]

Aplicación del don de sabiduría

Pueden existir muchas definiciones del don de sabiduría e incluso, dice J.W. Hayford, «algunos lo definen, en conjunto con el don de ciencia, como "dones de esclarecimiento", es decir, que el Espíritu se vale de la mente para su iluminación, dirección y seguridad espiritual».[62] No obstante, antes de pasar de lleno a la aplicación de este don, se observa lo que dicen las Asambleas de Dios mediante el Dr. Stanley M. Horton. Él dice: «Este don no es el resultado de la meditación o la preparación, sino que es el resultado de una intervención directa del Espíritu Santo (Lucas 21:14-15) para resolver una necesidad específica».[63] Horton dice también:

> Se trata de una revelación del consejo divino, en donde el Espíritu Santo revela de forma sobrenatural alguna necesidad o problema particular; su aplicación tiene sentido con la Palabra de Dios. El don no significa que es dado al individuo un nuevo nivel de sabiduría ni le hace infalible, sino solamente permite extraer de manera temporal de los depósitos de sabiduría ilimitada de Dios para resolver una situación presente (Romanos 11:33). Puede, por ejemplo, traer dirección a una asamblea de creyentes, como fue el caso en Hechos 15:13-21, 28-29; o dar sabiduría contra los adversarios (Lucas 21:15), tal es el caso de los apóstoles y de Esteban en Hechos 4:8-14, 19-21; 6:9, 10. La sabiduría humana es infructuosa para la obra de Dios o para desarrollar la fe (1 Corintios 2:5), y si el cristiano carece de sabiduría, debe pedirla a Dios (Santiago 1:5).[64]

Ahora bien, el don de sabiduría es usado en toda la Biblia. En el Antiguo Testamento, el don de sabiduría se menciona principalmente en el libro de Proverbios. Ahí se describe como la capacidad de discernir entre el bien y el mal, la capacidad de tomar decisiones sabias, y de vivir una vida justa y recta. La sabiduría es vista como un regalo de Dios y se promueve a lo largo de los escritos sapienciales.

En el Nuevo Testamento, el don de sabiduría se menciona en varias ocasiones, y mucho en las epístolas de Pablo. Se describe como una manifestación del Espíritu Santo que capacita a los creyentes para comprender y aplicar los principios espirituales en su vida diaria. La sabiduría es vista como un medio para discernir la voluntad de Dios y para vivir una vida centrada en Cristo. Ambos Testamentos enfatizan la importancia de buscar y valorar la sabiduría divina, y reconocen que es un don que proviene de Dios y que debe ser utilizado para su gloria y para el bien de los demás.

Don Fanning, en su libro *Los Dones espirituales*, comparte sus investigaciones sobre el Antiguo Testamento usado la Septuaginta (LXX). Ahí él menciona:

El término *sabio* (del hebreo *hkm*, o *hokmah* [sabios], Éxodo 28:3; 1 Reyes 2:6; Salmos 37:30; 89:12) es usado en conjunto con otros términos similares tales como entendimiento (*binah*, Proverbios 2:3, 3:5), conocimiento (*da'at*, Proverbios 1:7, 29), castigo, disciplina o exhortación (*musar*, Proverbios 8:33), discernimiento, prudencia (*shekel*, 1 Crónicas 22:12). Asimismo, el término *hkm* [y sus derivados] indican conocimiento en un campo especializado, por ejemplo, la artesanía (Éxodo 36:1), la astucia económica (Prov. 8:18, 21), el arte de gobernar (Proverbios 8:15), o de educar (1 Reyes 5:9-14). Asimismo, es la capacidad de dominar la vida (Proverbios 8:32-36). El término sabiduría se relaciona con el temor a Jehová (Proverbios 9:10; 1:7; 15:33; Salmos 111:10) como una motivación para tomar decisiones sabias. Se manifiesta como un don de Dios (como en el caso de Salomón en 1 Reyes 3:5-14), y en la toma de decisiones justas (1 Reyes 3:16-18). Todo esto demuestra que la sabiduría de que se trata no es una sabiduría meramente humana.[65]

Otro ejemplo de la aplicación del don de sabiduría o palabra de sabiduría (en su aplicación al ministerio de hoy en día) es cuando el predicador, en medio de su mensaje, siente en su corazón y en su alma que Dios le está hablando literalmente, que necesita decir lo que Él le está mandando que diga en ese mismo instante, ya sea a la congregación o a alguna persona en especial; y eso que el Espíritu Santo quiere que diga es exactamente lo que la iglesia o esa persona necesitaba escuchar en ese momento, a fin de que su alma reciba la paz y esperanza que ella necesita de parte de Dios. De esta manera, la iglesia o la persona lo recibe y entiende que esa palabra es de Dios, porque nadie sabía la situación por la que estaba pasando y eso le sirve de confirmación. Predicar la Palabra escrita o hablar lo que viene de parte de Dios en ese preciso instante son dos cosas distintas.

En la Biblia, Salomón, cuando fue puesto por rey de Israel, Dios le dijo que pidiera lo que quisiera y él pidió sabiduría y ciencia (2 Crónicas 1:7-12), y Dios se le concedió ambas cosas y aun más. Se podría decir que él recibió el don de sabiduría, pues resolvía los problemas sacando conocimiento de la mente de Dios, y así fue como escribió los Proverbios y el Eclesiastés. En el AT se encuentran dos libros de sabiduría, a los que también se les ha llamado literatura de sabiduría, los cuales son el libro de Proverbios y Eclesiastés, ambos escritos por el rey Salomón; en estos se menciona que Dios le dio sabiduría para resolver problemas y guiar al pueblo de acuerdo a la mente de Dios. Asimismo, en la narración de los reyes, es notable los hechos de sabiduría de Salomón. Esta no era una simple sabiduría de hombres, ni solamente un intelecto superior, pues la Biblia dice: «Y todo Israel oyó aquel juicio que había dado el rey; y temieron al rey, porque vieron que había en él sabiduría de Dios para juzgar» (1 Reyes 3:28ff).

Por el otro lado, hay quienes opinan que la sabiduría contenida en los libros de Salomón no es sino simplemente una sabiduría, o quizá una sabiduría de Dios, pero nada sobrenatural. Uno de ellos es Samuel E. Balentine, de la universidad de Cambridge, quien, junto con otros escritores, dice en su libro:

> El término hebreo para *sabiduría*, ḥokmâ, aparece en diversas formas más de 300 veces en el AT, y más de la mitad de estas veces en el libro de Proverbios, Job y Eclesiastés. Estos tres libros, junto con las obras deuterocanónica de Eclesiastés y Sabiduría de Salomón, constituyen el corpus principal de lo que convencionalmente se ha llamado «literatura sapiencial» del antiguo Israel. Los escritores de estos libros se negaban a abandonar la razón por la fe, pero al mismo tiempo creían que Dios había creado un mundo en el que los sabios, mediante el estudio disciplinado de los fenómenos observables, podrían discernir y difundir una manera de vivir en consonancia con la justicia y rectitud en las que estaba basada la creación de Dios, la cual Él dijo que era muy buena (Gen. 1:31).[66]

No obstante, en respuesta a lo que dice Balentine y otros, cada vez que se observa una instrucción irracional o ilógica que deba de ser seguida, ya sea en los libros sapienciales, en el Antiguo Testamento, o en el Nuevo Testamento, se podrá observar también la aplicación del don de Sabiduría. Un ejemplo de ello en el Antiguo Testamento es la instrucción dada a Noe para construir un arca (Gén. 6:14 ff); y en el Nuevo Testamento, la instrucción dada a Ananías para ir a buscar un hombre en Damasco, en una calle llamada derecha (Hch. 9:11ff).

Lenn Butten, el fundador de un ministerio llamado Eagle Ascend, hace un comentario muy interesante para entender la aplicación del don de sabiduría. Él dice:

> El don de sabiduría es aplicado cada vez que existe una perspectiva sobrenatural divina para cumplir la voluntad de Dios en situaciones determinadas; cada vez que existe un poder divinamente otorgado el cual tiene como fin apropiarse de la intuición espiritual para la resolución de problemas; cada vez que existe un sentido de dirección divina; cada vez que alguien en guiado por el Espíritu Santo para actuar apropiadamente en un conjunto determinado de circunstancias, y cada vez que el conocimiento es aplicado correctamente trabajando en conjunto con el discernimiento [de espíritus].[67]

Conclusión del capítulo VI

En el análisis del don de sabiduría vimos varias definiciones de la palabra sabiduría, y del don de sabiduría. Hicimos un recorrido por algunos pasajes bíblicos que hablan de la sabiduría y brindé una exégesis de ellos. Asimismo, di una explicación del don de sabiduría cuando trabaja en conjunto con el don de ciencia (aunque se verá el don de ciencia más a detalle en la siguiente parte de esta sección).

De igual modo, hablé de la manera en que puede presentarse el don de sabiduría, la diferencia entre la sabiduría de Dios y la sabiduría de los hombres, lo que es la sabiduría diabólica, y cuál es su origen. Hice también una diferenciación entre la sabiduría divina en general y el don o palabra de sabiduría. Finalmente, di también definiciones concretas respecto a la aplicación del don de sabiduría en algunos ejemplos, tanto los presentados en la Biblia como en la vida práctica de hoy.

Se puede decir que el don de sabiduría es la aplicación de un conocimiento divino mediante medios sobrenaturales para resolver problemas específicos y su fin es traer gloria a Dios y el cumplimiento de la voluntad divina.

Referencias:

[52] Real Academia Española, *Diccionario de la lengua española, 23.ª ed., [versión 23.7 en línea]*. https://dle.rae.es

[53] Simón J. Kistemaker, *1 Corintios: Comentario al Nuevo Testamento* (Grand Rapids, MI: Libros Desafío, 2015), 458.

[54] Carleton A. Toppe, Roland Cap Ehlke (Ed.), *La Biblia Popular: 1 Corintios* (Waukesha, WI:Northwestern Publishing House, 1998), 116.

[55] Ibid.

[56] Mark Taylor, Mark Edward Taylor, *1 Corinthians: An exegetical and Theological Exposition of Holy Scripture, Vol. 28, The New American Commentary* (Nashville, TN: Holman Reference, 2014), 59

[57] Deiros, *Dones y ministerios*, 147.

[58] Ibid.

[59] Adam Clarke, *Commentary on the Holy Bible. Abridged form the original six-volume work* (Kansas City, MO: Beacon Hill Press of Kansas City, 1967), 1090.

[60] Ibid.

[61] Edgardo Muñoz, Quentin McGhee, George O. Wood, James Hernando, Floyd Woodworth, *First and Second Corinthians* (Springfield, MO: Faith & Action, 2012), 125-126.

[62] J. W. Hayford, *El pueblo del Espíritu: Dones, fruto y plenitud del Espíritu Santo* (Nashville: Editorial Caribe, 1994), ed. electrónica, p. 119.

[63] Horton, *Los dones y el fruto del Espíritu*, 5-6.

[64] Ibid.

[65] Don Fanning, *Los Dones Espirituales: Divina habilitación para el ministerio* (Pensacola, FL:Branches Publications, 2018) 41.

[66] Samuel E. Balentine, Stephen B. Chapman y Marvin A. Sweeney (eds), *The Cambridge Companion to the Hebrew Bible/Old Testament* (Cambridge, UK: Cambridge University Press, 2016), 274.

[67] Len Buttner, "The word of wisdom". *Eagle Ascend*, 29 marzo, 2016. https://eagleascend.com/the-word-of-wisdom/

VII. EL DON DE CIENCIA

La palabra *ciencia* es definida por la Real Academia Española como «el conjunto de conocimientos obtenidos mediante la observación y el razonamiento, sistemáticamente estructurados y de los que se deducen principios y leyes generales con capacidad predictiva y comprobables experimentalmente».[68] Esto quiere decir que en el mundo secular *la ciencia* es una manera de obtener conocimientos confiables la cual se basa en la observación de aquello que es *natural*, y que, mediante el uso de un razonamiento adecuado, y haciendo uso de sistemas bien estructurados, se da lugar a datos en los cuales apoyarse para hacer predicciones. Esto es una explicación adecuada para el método científico.

No obstante, en lo espiritual, la palabra *ciencia*, y en específico el *don de ciencia*, tiene una definición muy distinta. *Este don se refiere a recibir revelación divina y comprensión sobre asuntos espirituales, con personas o situaciones.* A lo largo de la historia de la iglesia este don se ha presentado de muchas maneras y se ha utilizado para el crecimiento espiritual y el servicio en la comunidad cristiana. Está presente tanto en el Antiguo como en el Nuevo Testamento, y ha continuado en operación hasta el día de hoy, como se verá a continuación.

¿Qué es el don de ciencia?

El don de ciencia en el Antiguo Testamento nunca es mencionado como tal; sin embargo, hay varias referencias a individuos que fueron dotados con las capacidades que denotarían el ejercicio del don de ciencia, tal y como lo vemos en el NT. Estos individuos fueron capacitados por Dios para comprender y aplicar la ley de Moisés y los principios divinos en su vida y en la comunidad en la que ellos vivieron.

El *don de ciencia* es un don del Espíritu que se concede a ciertos creyentes para que estos tengan un conocimiento profundo y discernimiento en asuntos espirituales y teológicos.

A través del don de ciencia se espera que los creyentes puedan entender y aplicar la Palabra de Dios de una manera más profunda y precisa. Es un don de revelación por medio del cual el Espíritu Santo da a conocer o declara un hecho pasado o presente que afecta al cuerpo de Cristo. Es útil para llevar limpieza de pecado y libertar de ataduras al pueblo del Señor, manifestando así ante sus hijos que no hay nada oculto para Dios y que este puede revelarlo todo cuando le plazca (Hch. 5:1-11; 9:10-19).

Horton tiene también una opinión valiosa de lo que él piensa respecto al don de ciencia o conocimiento. Dice que es un don de revelación divina de la verdad del evangelio y aplicación a la vida cristiana. Él dice que es algo que va más allá de lo que el simple estudio de la Palabra puede otorgar, pues está de acuerdo a lo que dice Pablo en 1 Corintios 2:12 que dice: «Y nosotros no hemos recibido el espíritu del mundo, sino el Espíritu que proviene de Dios, para que sepamos lo que Dios nos ha concedido». Horton también menciona en su explicación el caso de Ananías y Safira como un caso en que Dios reveló un conocimiento que estaba velado para Pedro y para todos; sin embargo, también aclara: «Nada en la Biblia indica que este don de conocimiento sea usado para revelar en donde están artículos perdidos o de qué enfermedad o pecado una persona podría estar afectada (aunque el Espíritu también puede revelar estas cosas en su soberanía)».[69]

Steven Brooks, en su libro *How to operate in the gifts of the Spirit*, dice: «Algunos etiquetan el don de ciencia como algo parecido al conocimiento natural; sin embargo, el don de ciencia, no es la adquisición de conocimiento, de hechos y verdades mediante un proceso de investigación. El conocimiento de Dios no se origina en los libros de texto ni en las fuentes humanas».[70] En este respecto se tiene el ejemplo de Saúl, cuando buscaba las asnas de su padre. En este caso, el profeta Samuel hizo uso del don de ciencia para revelarle lo que había pasado con las asnas. La Biblia dice: «Y de las asnas que se te perdieron hace ya tres días, pierde cuidado de ellas, porque se han hallado. Mas ¿para quién es todo lo que hay de codiciable en Israel, sino para ti y para toda la casa de tu padre?» (1 Samuel 9:20).

En este último ejemplo, no se trataba de una explicación de la vida de Saúl, ni una novela de su vida, sino solo de una palabra, un dato específico de la vida de Saúl. Y este conocimiento no llega al siervo/sierva de Dios mediante ningún medio natural, sino mediante la revelación que da el Espíritu, es una revelación respecto a algo que está ocurriendo en ese momento o ha ocurrido ya.

Por su parte Ronald Baxter, en su libro *Spiritual Gifts*, dice: «El apóstol Pablo no tenía en mente la palabra *logos* (una expresión razonada de la Palabra de Dios), ni un conocimiento en el sentido general; este es un conocimiento dado por el Espíritu que excede las capacidades normales naturales del individuo».[71]

Criswell es un poco más sofisticado en su definición del don de ciencia, él dice: «Este es un don de valoración y juicio sobre las cosas tal como son; es la capacidad de captar la verdad sobre una situación presente: ver, conocer, comprender, como el Espíritu Santo ve, conoce y comprende».[72]

El don de ciencia en el Antiguo Testamento

En el Antiguo Testamento, el don de ciencia se manifestaba a través determinadas personas, normalmente a través de los profetas de Dios. El Espíritu de Dios les revelaba cosas de manera sobrenatural.

Don Fanning aporta datos interesantes respecto al don de ciencia en el Antiguo Testamento cuando él hizo un análisis de la Septuaginta. Él dice:

> En la Septuaginta, la palabra griega *ginosko* [conocer, percibir, entender o saber] fue usada para traducir varios conceptos que los judíos tienen como uno solo: *ra'ah*, «ver» (Jue. 2:7), *hazah* «ver» (Isa 26:11), y *shama* «oír» (Neh. 4:15). Varias palabras formadas de la raíz *yada* (heb.) son traducidas por *gnoseos* (gr.). La palabra *yada* significa: 1) experimentar, observar (Gn. 3:7; 41:31; Isa 47:8), 2) conocer aprendiendo (Prov. 30:3); 3) una relación íntima con otra persona o cosas (Gn. 4:1; Jue 11.39); 4) conocer a la otra persona «cara a cara» (Deut. 34:10); y 5) el conocimiento de Dios que se relaciona con los hechos de auto-revelación (¡«sabréis que yo soy Jehová» se menciona 54 veces en Ezequiel!).[73]

Dios reveló a Samuel respecto a la vida de los hijos de Elí en 1 Samuel 3:10-14, un conocimiento que solo Elí tenía, algo que previamente Dios había dicho a Elí. Después de esta ocasión, Samuel fue usado por Dios en este don (al que también se le llama *don de vidente*, vea 1 Samuel 9:9); otro caso, como ya se mencionó, fue el caso de las asnas del padre de Saúl.

El profeta Eliseo fue un varón de Dios usado en el don de ciencia, y de él se pueden observar varios ejemplos. Uno se ellos está en 2 Reyes 6:8-13 que dice:

> Tenía el rey de Siria guerra contra Israel, y consultando con sus siervos, dijo: En tal y tal lugar estará mi campamento. Y el varón de Dios envió a decir al rey de Israel: Mira que no pases por tal lugar, porque los sirios van allí. Entonces el rey de Israel envió a aquel lugar que el varón de Dios había dicho; y así lo hizo una y otra vez con el fin de cuidarse. Y el corazón del rey de Siria se turbó por esto; y llamando a sus siervos, les dijo: ¿No me declararéis vosotros quién de los nuestros es del rey de Israel? Entonces uno de los siervos dijo: No, rey señor mío, sino que el profeta Eliseo está en Israel, el cual declara al rey de Israel las palabras que tú hablas en tu cámara más secreta.

En el pasaje, Eliseo, mediante el uso del don de ciencia, decía al rey de Israel los movimientos militares del rey de Siria. Tanto fue así, que el rey de Siria pensó que había un traidor entre sus hombres, uno que transmitía información al rey de Israel; sin embargo, no era lo que el rey de Siria pensaba, sino más bien, se trataba del ejercicio del don de ciencia a través del profeta Eliseo.

El caso del profeta Ahías en 1 Reyes 14 es otro caso de la práctica del don de ciencia. El pasaje dice que el hijo del rey Jeroboam (quien había sido un rey idólatra) enfermó [muy posiblemente de una enfermedad grave], y este envió a su esposa a consultar al profeta Ahías, a quien asimismo le dijo que se disfrazara para que nadie supiera que era su mujer. Sin embargo, lo que sucedió después lo sorprendió en gran manera. Dice la Biblia:

> Y la mujer de Jeroboam lo hizo así; y se levantó y fue a Silo, y vino a casa de Ahías. Y ya no podía ver Ahías, porque sus ojos se habían

oscurecido a causa de su vejez. Mas Jehová había dicho a Ahías: He aquí que la mujer de Jeroboam vendrá a consultarte por su hijo, que está enfermo; así y así le responderás, pues cuando ella viniere, vendrá disfrazada. Cuando Ahías oyó el sonido de sus pies, al entrar ella por la puerta, dijo: Entra, mujer de Jeroboam. ¿Por qué te finges otra? (1 Reyes 14:4-6).

Aquí Dios reveló al profeta Ahías un conocimiento que tan solo el rey y su esposa tenían, y el hecho de que Ahías no podía ver físicamente no fue impedimento para que ese milagro ocurriera.

El profeta Natán fue usado por Dios en el don de ciencia para exponer a David en su pecado. David había mantenido su pecado en secreto, y tan solo unas cuantas personas lo sabían. Sin embargo, Dios reveló al profeta Natán del asunto, y lo envió para que diera una palabra de ciencia a David; luego David, al oírla, tuvo que reconocer que esa palabra provenía de Dios. Lo último que dijo Natán por palabra de Dios es sumamente interesante: «Porque tú lo hiciste en secreto; mas yo haré esto delante de todo Israel y a pleno sol...» (2 Reyes 12:1-12). La palabra de ciencia consiste en revelar a los hombres lo oculto que está en sus corazones.

El don de ciencia en el Nuevo Testamento

El don de ciencia se continúa presentando en el Nuevo Testamento, ya no a través de profetas exclusivamente, como en el caso del Antiguo Testamento, sino ahora a través de todos aquellos a quienes el Espíritu Santo repartió según Él quiso. Lo mismo continúa sucediendo en estos días: el Espíritu Santo reparte el don de ciencia a todos cuantos quiere.

Un ejemplo del don de ciencia o palabra de conocimiento en el ministerio del Señor Jesucristo se presenta cuando el Señor dijo a Natanael cosas que Él naturalmente no podría saber. La Biblia dice: «Le dijo Natanael: ¿De dónde me conoces? Respondió Jesús y le dijo: Antes que Felipe te llamara, cuando estabas debajo de la higuera, te vi. Respondió Natanael y le dijo: Rabí, tú eres el Hijo de Dios; tú eres el Rey de Israel. Respondió Jesús y le dijo: ¿Porque te dije: Te vi debajo de la higuera, crees? Cosas mayores que estas verás» (Juan 1.48-50). La razón por la que Natanael creyó en Jesús fue porque él entendió que este conocimiento que Jesús le reveló no podría provenir sido de Dios; este es precisamente el fin de este don, que la gente crea en el Hijo de Dios y sea salva.

Otro ejemplo del don de ciencia en el ministerio de Jesús se encuentra en el pasaje de su encuentro con Zaqueo. Lucas 19:1-5 dice:

> Habiendo entrado Jesús en Jericó, iba pasando por la ciudad. Y sucedió que un varón llamado Zaqueo, que era jefe de los publicanos, y rico, procuraba ver quién era Jesús; pero no podía a causa de la multitud, pues era pequeño de estatura. Y corriendo delante, subió a un árbol sicómoro para verle; porque había de pasar por allí. Cuando Jesús llegó a aquel lugar, mirando hacia arriba, le vio, y le dijo: Zaqueo, date prisa, desciende, porque hoy es necesario que pose yo en tu casa.

El pasaje dice que Zaqueo no conocía a Jesús, y deseaba conocerle. Pero tampoco Jesús conocía a Zaqueo; sin embargo, el Espíritu Santo reveló a Jesús el nombre de ese hombre, y le expuso. Le reveló que tenía una casa, y que tenía las posibilidades económicas de hospedar tanto a Jesús como a sus discípulos.

Un tercer ejemplo en el ministerio de Jesús se puede observar en el encuentro del Señor con la samaritana en Juan 4. En esa ocasión, Jesús reveló a la mujer samaritana un conocimiento muy importante de su vida; tanto, que ella luego dijo a todos: «Venid, ved a un hombre que me ha dicho todo cuanto he hecho. ¿No será este el Cristo?» (v. 29). Aunque Jesús fue completamente Dios, también fue completamente hombre; y como hombre, el Espíritu Santo lo usó con el don de ciencia para decir a la mujer samaritana todo lo que ella era y lo que ella hacía en su vida privada.

El don de ciencia está en acción en caso de Pedro. Cuando Dios le reveló que los gentiles también eran partícipes de la salvación. Para ello, el Espíritu Santo reveló al Apóstol una visión en donde veía toda sarta de animales inmundos; luego el Espíritu le dijo: Pedro, mata y come (Hechos 10: 1-9).

En el caso de Pablo se puede mencionar como ejemplo la ocasión cuando este impidió el suicidio del carcelero de Filipos. La narración bíblica dice que Pablo y Silas fueron a dar a la cárcel de Filipos por causa de la predicación del evangelio, y fueron arrogados en el calabozo de más adentro (el de más seguridad, Hechos 16:23) después de ser azotados, y les pusieron un instrumento de tortura llamado cepo. No obstante, los siervos de Dios Pablo y Silas, a la medianoche, oraban y cantaban himnos a Dios. Cuando Dios hizo el milagro del terremoto y las puertas de la cárcel se abrieron, la Biblia dice: «Despertando el carcelero, y viendo abiertas las puertas de la cárcel, sacó la espada y se iba a matar, pensando que los presos habían huido. Más Pablo clamó a gran voz, diciendo: No te hagas ningún mal, pues todos estamos aquí» (vv. 27-28).

En este caso, el Espíritu Santo reveló a Pablo que el carcelero se iba a matar, y que la razón por la que se iba a matar era porque pensaba que los presos habían huido. No había forma —humanamente hablando— en que Pablo, quien estaba en el calabozo de más adentro y sin luz, pudiera ver lo que el carcelero iba a hacer.

En Hechos 5:1-11 se encuentra el caso de Ananías y Safira. El contexto es que en la iglesia primitiva los seguidores de Cristo habían asumido una actitud bastante generosa, y algunos vendían incluso sus propiedades y traían el precio de lo vendido a los pies de los apóstoles (Hechos 4:33-35). Ananías y Safira también querían aparentar que eran generosos, y al vender una propiedad, ellos estuvieron de acuerdo en decir que lo que traían a los pies de los apóstoles era todo lo que les habían dado por ella. Nadie sabía ese hecho, pero Dios se lo reveló a Pedro. Aquí se puede observar una vez más un ejemplo de la aplicación del don de ciencia en el Nuevo Testamento.

Diferencia del don de ciencia con el don de sabiduría

Echando una vez más un vistazo a los estudios de Fanning de la palabra *ciencia*, él dice: «En el Nuevo Testamento *gnosis* aparece 29 veces (*ginosko*, 221 veces). El concepto del Antiguo Testamento está implícito en el uso del Nuevo Testamento, especialmente porque la

LXX fue prácticamente la Biblia en el tiempo de Jesús».[74] Fanning dice que el conocimiento de Dios llega al creyente porque le es revelado por Dios mismo; por tanto, él concluye: «El don de ciencia o conocimiento es el resultado de una revelación, o puede ser iluminación, de parte de Dios a través de su Palabra».[75]

Fanning expande el significado del don de ciencia a la exposición de la Palabra de Dios, esto es, a una iluminación profunda de la Biblia; sin embargo, esta definición se podría confundir con el don de sabiduría; por tanto, es necesario descubrir cuál es exactamente la diferencia entre estos dos dones. Para ello, se verá lo que otros estudiosos y eruditos dicen al respecto.

Myer Pearlman, cuyo libro de teología sistemática pentecostal fue el primero que utilizó más formalmente Las Asambleas de Dios, diferencia ambos dones basándose simplemente en el significado llano de ambas palabras, de la palabra *ciencia* y de la palabra *sabiduría*. Él dice: «Mientras la palabra *ciencia* significa penetrar en el conocimiento de las cosas divinas, la palabra sabiduría implica la habilidad que regula la vida cristiana».[76] Él hace referencia al lexicón de Thayer diciendo que siempre que aparecen juntas las palabras *ciencia* y *sabiduría*, aquella parece indicar ciencia en sí misma, mientras que la última manifiesta también ciencia, pero expresada en acción.[77]

Por su parte, Donald Gee tiene una opinión similar a la de Fanning, él dice: «Si nuestra concepción de lo que es sobrenatural se pone en medio de nuestro camino para no mirar en los dones del Espíritu algo especial en los ministerios de la predicación y la enseñanza, entonces es claro que nuestro entendimiento de la palabra *sobrenatural* necesita corrección».[78]

Gordon Fee vuelve al punto de vista de Pearlman diciendo que el don de sabiduría suele entenderse en los círculos pentecostales como una palabra especial de penetración dada por el Espíritu cuando la comunidad está pasando un tiempo de dificultad o de decisión.[79] No obstante, Fee continúa explicando el punto diciendo: «No hay duda de que el Espíritu Santo habla de ese modo a la iglesia de hoy, pero es poco probable que Pablo tuviera en mente tal cosa al mencionar este don. Si él quisiera ponerle nombre a un fenómeno así, probablemente hubiera usado la palabra [griega] *apocalupsis* [que significa] *revelación* cf. 14:6 Lo mismo ocurre con la llamada palabra de conocimiento que se ha convertido en algo tan frecuente en estas comunidades».[80]

Por su parte, el escritor alemán Arnold Bittlinger, en su libro *Gifs and graces: A commentary on 1 Corinthians 12-14*, dice: «El don de sabiduría se define como una palabra en una situación difícil o peligrosa que hace callar al opositor».[81]

De estos comentarios se puede concluir que mientras la palabra de sabiduría es una palabra dada sobrenaturalmente por el Espíritu para mover a la acción, esto es, tiene una aplicación a la resolución de un problema que implica una decisión y una acción, la palabra de ciencia es *información* dada sobrenaturalmente por el Espíritu que bien puede estar basada en la Biblia o ser dada mediante una explicación profunda de la Palabra de Dios.

El Mons. José Ignacio Munilla, obispo de San Sebastián, España, teólogo católico, aporta algo relevante en su revista *Agua Viva* sobre los dones, y en especial, sobre el don de ciencia; algo que trae a colación un punto de vista del que no se ha hablado mucho. En su artículo «Dame de beber: Don de ciencia, parte I» comienza diciendo:

> Jesús era un hombre en todo sentido, pero dotado con todos los dones del Espíritu Santo. Jesucristo es mostrado en los evangelios como uno con un conocimiento especial, con una ciencia especial, uno que conoce a los hombres en el secreto de sus almas, los conoce por dentro [...] el don de ciencia es ver las cosas según Dios, ver las cosas del mundo, sí, pero con los ojos de Dios. En Juan 1:46-48, cuando Jesús vio que se acercaba Natanael, dijo de él: «Ahí tenéis a un israelita de verdad en quien no hay engaño». Cuando Jesús dijo esto, Natanael se sorprende y dice: «¿De dónde me conoces?» Entonces Jesús le dijo: «Antes de que Felipe te llamara, cuando estabas debajo de la higuera, te vi». Es decir, Jesús muestra aquí un conocimiento interno de este hombre. Humanamente, Jesús no le conocía, pero desde la perspectiva de Dios, Él le conocía desde siempre.[82]

¿Cómo se usa el don de ciencia?

Lo que Fanning menciona es relevante para esta investigación; aunque no estoy de acuerdo con todo lo que él piensa sobre este don (ya que mi perspectiva es que sigue vigente y que Dios, mediante el Espíritu Santo, sigue usando a sus siervos en este don, y esto sencillamente porque Él es el mismo de ayer, hoy y por los siglos, Hebreos 13:8); no obstante, estoy de acuerdo con Fanning en que ya no hay otra revelación aparte de la Biblia que tenemos, ya que el canon de la Biblia se ha cerrado. Fanning dice:

> La ciencia, como un don, es útil para otros cuando existe comunicación. Parece ser un don muy relacionado con el don de enseñanza, pero tiene más autoridad. En el principio es posible que haya sido un medio de recibir nueva revelación de la Palabra hasta que todo fuera revelado. Si es aplicable ahora, es el don de entendimiento de lo que previamente ha sido revelado. Este entendimiento es también sobrenatural (1 Cor. 2:7-16), pero no es revelación.[83]

El don de ciencia es usado para revelar un suceso que ya pasó o que está pasando en estos momentos, cuya transmisión es por medios sobrenaturales. Algo que solo sucede por la fe y que hace *crecer* la fe, pues la persona que recibe esta palabra sabe que es cierta y que ha sido revelada por intervención divina, pues nadie ha comunicado al hombre o mujer de Dios esta información.

Este don se pone en funcionamiento cuando, por ejemplo, en su predicación, el predicador menciona varios datos respecto a la vida de una persona que está escuchando el mensaje. Esta, al escuchar tal información (que posiblemente solo él o ella conoce, o que nadie le pudo haber dicho al predicador), se asombra y reconoce que lo que el predicador está diciendo o ha predicado es una revelación de Dios. Él o ella reconoce la intervención divina y Jesucristo es creído y glorificado.

Respecto a esto, Brooks dice: «La palabra de conocimiento es uno de los tres *dones de revelación*, y los otros dos son la palabra de sabiduría y el discernimiento de espíritus. A estos se les llama *dones de revelación* porque ellos revelan algo que está más allá de la habilidad humana natural para conocer algo».[84]

Por tanto, cada vez que una persona es usada por el Espíritu Santo para revelar un conocimiento de una manera sobrenatural para glorificar a Dios se está haciendo uso del don de ciencia o palabra de conocimiento.

Brooks menciona dos ministros sobresalientes que fueron usados por Dios en el don de palabra de conocimiento: Kathryn Kuhlman y el profeta William Branham. Él dice: «En el caso de William Branham él recibía tal revelación del Espíritu, que con frecuencia mencionaba el nombre de las personas y hasta el nombre de la calle en donde vivía la persona a la que estaba ministrando».[85]

Conclusión del capítulo VII

En este capítulo se habló sobre el don de ciencia. Se dieron varias definiciones de este don. Asimismo, se comentó cómo es que trabaja en conjunto con el don de sabiduría y cómo se diferencia de este. El don de ciencia tiene que ver con la impartición de un conocimiento especial que Dios conoce, pero que el portavoz no conoce e inclusive no podría conocer sino por intervención divina. Este conocimiento incluye muchos ámbitos, datos del pasado y del presente. Datos de hechos, pero también pensamientos y sentires en los corazones de una persona. El don de ciencia hace que un incrédulo reconozca el poder de Dios, pues entiende que no existe forma de que el portavoz pudiera conocer eso que solo él/ella y Dios conocen.

Asimismo, en este capítulo se mencionaron algunos ejemplos extractados tanto del Antiguo como del Nuevo Testamento, y se hizo una exégesis de algunos versículos claves en relación a este don, analizando las palabras que aportan más luz para entender mejor el tema. El don de ciencia es un don del Espíritu que tiene vigencia el día de hoy, por tanto, se mencionaron algunos ministerios de los tiempos modernos en donde este don ha estado en operación. En la siguiente parte se estará tratando el don de fe.

Referencias:

[68] Real Academia Española: Diccionario de la lengua española, 23.ª ed., [versión 23.7 en línea]. <https://dle.rae.es> [3/7/2025].

[69] Horton, *Los dones y el fruto del Espíritu Santo*, 6.

[70] Steven Brooks, *How to operate in the gifts of the Spirit* (Shippensburg, PA: Destiny Image Publishers, Inc, 2014), 59-61.

[71] Ronald Baxter, *Spiritual Gifts* (Grand Rapids, MI: Kregel Publications, 1983), 109.

[72] W.A. Criswell, *The Holy Spirit in Today's World* (Grand Rapids, MI: Zondervan Publishing House, 1967), 172.

[73] Fanning, 44.

[74] Ibid.

[75] Ibid.

[76] Myer Pearlman, *Teología bíblica y sistemática* (Miami, FL: Editorial Vida, 1992), 236.

[77] Ibid.

[78] Gee, 24.

[79] Gordon Fee, *The First Epistle to the Corinthians* (Grand Rapids, MI: W.B. Eerdmans Pub. Co., 1987), 592.

[80] Ibid.

[81] Arnold Bittlinger, *Gifts and graces: A commentary on 1 Corinthians* 12-14 (London: Hodder & Stoughton, 1967), 28.

[82] José Ignacio Munilla, "Dame de beber: Donde ciencia, parte I". *Agua Viva: Revista de espiritualidad del Corazón de Jesús para la evangelización*, 31/03/2014. https://www.revistaaguaviva.org/don-de-ciencia-i/#:~:text=Tiene%20un%20don%20de%20ciencia,en%20quien%20no%20hay%20enga%C3%B1o'.

[83] Fanning, 45.

[84] Brooks, 33.

[85] Ibid, 61.

VIII. EL DON DE FE

Como introducción a este capítulo es útil dar un repaso a la definición de la palabra *fe* en la Biblia. Hebreos 11:1 da esta definición: «Es, pues la fe la certeza de lo que se espera, la convicción de lo que no se ve» (RV1960). La versión de 1909 de la Reina Valera dice: «Es pues la fe la sustancia de las cosas que se esperan, la demostración de las cosas que no se ven». La versión inglesa KJV dice: «*Now faith is the substance of things hoped for, the evidence of things not seen*». La palabra griega para *sustancia* es *hypostasis*, la cual se traduce, en primer lugar, como un verbo que quiere decir *colocar un fundamento*; también, la colocación de un fundamento real, algo que tiene una substancia, que tiene la cualidad de existir, de ser real, de poderse tocar. Esto quiere decir que la fe es tener un fundamento real y tangible de algo que todavía no se ve. Es como ver un edificio ya construido cuando se tienen solamente los cimientos.

En otro sentido aplicativo, la fe es una *persuasión*, una convicción profunda basada en lo que dice la Biblia, en las promesas de Dios. Esto es, que las promesas de Dios son el fundamento y la subestructura de las cosas que aún no se pueden ver.

La otra palabra que está presente en el versículo, la cual se traduce como *convicción* en la Reina Valera, pero como *evidencia* en la KJV, proviene del griego *elegchos*, palabra que se refiere a una prueba, algo que da testimonio, algo que ha sido probado u ofrece una garantía absoluta; algo que ya ha sido pasado por un escrutinio y encontrado que es cierto o real en su totalidad. En cuanto a la palabra convicción, esto se refiere a un pensamiento inamovible de la realidad de algo: estar convencido de su realidad. También esta palabra está presente en 2 Timoteo 3:16, la cual es traducida por la RVR1960 como *corregir*, [*reproof* en la KJV], es decir, da el sentido de algo que guía a un convencimiento completo.

Relacionado con ello, Brooks dice: «La esperanza trabaja en conjunto con la fe; la esperanza es una expectativa de que lo que Dios promete se cumplirá en la vida del creyente. Primero debe haber cosas buenas que el creyente espera, pero luego la fe las trae a la realidad».[86] Brooks también menciona: «Solo existe una cosa que puede alimentar la fe: la Palabra de Dios. Romanos 10:17, que dice: "Así que la fe es por el oír, y el oír, por la palabra de Dios [...]" Si pasas tiempo diariamente escuchando la palabra de Dios, la fe vendrá a ti».[87]

En este capítulo estaré hablando de qué es el don de fe y de los diversos aspectos que tienen relación con este don. Estaré haciendo exégesis de algunos pasajes claves y explicaré de qué manera este don se aplicó tanto en el Antiguo como en el Nuevo Testamento. Asimismo, estaré hablando de la aplicación de este don al ministerio del día de hoy.

¿Qué es el don de fe?

El don de fe que la Biblia menciona se refiere a una capacidad especial, otorgada por el Espíritu Santo, para el mover sobrenatural del poder de Dios en una situación que humanamente es imposible o muy difícil. Se trata de una fe extraordinaria que va más allá de la fe común, la cual permite a una persona creer en la intervención divina, y en la realización de milagros, incluso en situaciones que parecen o son imposibles.

En su redacción, en el libro del comentario a 1 y 2 Corintios ya mencionado, [de Muñoz, McGhee, Wood, Hernando y Woodworth] se menciona la definición del Dr. Horton del don de fe. Horton dice: «El don de fe es un don sobrenatural que aumenta la capacidad de un grupo de gente para creer en Dios. Pablo, después de ver un ángel, ayudó a muchos a creer que Dios los rescataría de aquella violenta tempestad (Hechos 27:25)».[88]

El don de fe se menciona en 1 Corintios 12:9, donde se dice: «...a otro, fe por el mismo Espíritu». Este don capacita a los creyentes para confiar plenamente en Dios y en sus promesas, incluso cuando las circunstancias parecen desafiantes o adversas. Es una fe que supera cualquier duda y permite al creyente ver y experimentar el poder y la fidelidad de Dios de una manera extraordinaria.

Es importante tener en cuenta que la fe que se presenta en el don de fe es diferente a la fe salvadora, esto es, a la fe que debe tenerse en Jesús como Salvador, necesaria para ser salvo; pues el don de fe es un regalo especial dado por el Espíritu Santo para edificar y fortalecer a la Iglesia y para mostrar el poder y la gloria de Dios.

Es recomendable profundizar en la enseñanza y el estudio bíblico sobre el don de fe para tener una comprensión más completa de su significado y aplicación en la vida de los creyentes. Veamos ahora tres tipos de fe.

1. La fe salvadora

¿Como se podría definir el don de fe o qué dicen los diccionarios o comentarios sobre este don? Después de leer y de haber explicado mediante una exégesis el versículo de Hebreos 11:1, se puede entender lo que es la fe de una manera general. No obstante, en la Biblia se observan por lo menos tres tipos de fe: *la fe salvadora, la fe como fruto y la fe como un don del Espíritu*. La fe salvadora la da Dios a aquellos que reconocen a Jesús como su Señor y Salvador. Este tipo de fe es del que habla el pasaje de Romanos 10:9-10, que dice: «que si confesares con tu boca que Jesús es el Señor y creyeres en tu corazón [ahí está este tipo de fe, creer con el corazón] que Dios le levanto de los muertos serás salvo. Porque con el corazón se cree para justicia, pero con la boca se confiesa para salvación». La exégesis del pasaje denota que la palabra fe «gr. *pisteuō*» es la misma que se utiliza en el pasaje de Hebreos 11:1; ciertamente se trata de la fe, del creer, pero es una fe salvadora; sin embargo, en el pasaje de Romanos esta palabra tiene un poco de variación. En este caso, se trata de pensar que algo es verdadero, estar persuadido, o dar crédito a algo, poner la confianza en algo. El lexicón de Strong dice que esta palabra tiene una connotación religiosa y que es «la convicción y la confianza a las que un hombre se ve impulsado por una cierta prerrogativa y ley interior y superior de su alma».[89] Esta palabra también se aplica a confiar en Jesús o en Dios como capaz de ayudar a obtener o hacer algo: la fe salvadora

Esta fe salvadora aparece con frecuencia en las Escrituras, mayormente, claro, en el NT. Los siguientes pasajes son ejemplo de ello: Colosenses 2:7; 1 Timoteo 1:2; 1 Timoteo 4:1; 1 Timoteo 5:8, Tito 1:1,

LOS DONES DEL ESPÍRITU SANTO

Tito 3:15 y Judas 1:3. En todos estos casos la fe de la que se habla indica no solo un tipo o nivel específico de fe sino también un conjunto de creencias o de conocimientos del cual surge la fe. La fe salvadora surge del conocimiento de que Dios es tan bondadoso que, mediante su voluntad soberana, da al individuo el creer para ser salvo, aunque esto también implica una decisión personal.

2. LA FE COMO FRUTO

La fe como fruto es la que una persona nacida de nuevo posee (después de haber experimentado la fe salvadora) y esta fe tiene que crecer y ser fortalecida, y una vez que esto pasa, esta fe será sometida a prueba; y si un cristiano desea hacer cosas importantes con su vida en Cristo, necesitará que esta clase de fe crezca, por tanto, debe cuidarla y cultivarla. De esta fe habla 2 de Timoteo 2:6 que dice: «El labrador, para participar de los frutos debe de trabajar primero».

Al respecto, Derek Prince dice: «El fruto espiritual se diferencia de los dones espirituales de dos formas principalmente. Primero, un don espiritual puede ser impartido y recibido mediante una transmisión única y breve [el Espíritu lo imparte de inmediato]; mientras que el fruto debe cultivarse mediante un proceso continuo que requiere tiempo, habilidad y trabajo».[90] Respecto a esto mismo, dice Prince que los dones no están directamente relacionados como el carácter de quienes los ejercen. Él dice: «El fruto es una expresión del carácter. Idealmente, el fruto y los dones deben equilibrarse entre sí en una combinación que glorifique a Dios y sirva a la humanidad. Así, la fe como fruto puede entenderse como confianza y confiabilidad. La estabilidad es una manifestación de confianza y aumenta a medida que la confianza madura».[91]

La estabilidad requiere de un acto inicial de compromiso. Confiar incrementa la confianza. Luego, Derek continúa diciendo:

> La confianza del cristiano se basa en la confiabilidad de Dios o en su *chesed* [esta palabra hebrea significa *bondad*]. Dios demuestra su confiabilidad hacia nosotros al cumplir los compromisos de su pacto, que van más allá de cualquier cosa que podamos merecer o exigir; asimismo, la confiabilidad de Dios convierte al cristiano en el tipo de persona que está dispuesta y es capaz de celebrar y mantener compromisos de pacto, tanto con Dios como entre sus semejantes.[92]

3. LA FE COMO DON

Por otro lado, la fe como don —el don de fe— es algo que da el Espíritu Santo a sus hijos para la edificación del cuerpo de Cristo. Esta fe no se puede desarrollar, pues la da el Espíritu en la medida que Él quiere y como Él quiere. Esta es puesta en funcionamiento en determinadas personas y en determinadas circunstancias. 1 Corintios 12:9 dice: «… a otro fe por el mismo Espíritu».

W.E. Vine, en su diccionario expositivo, aporta más luz respecto al significado de la palabra *fe* «gr. pistos», la cual también es traducida como *creyente*.

Vine dice que *pistos* (πιστός, Strong 4102) significa, (a) en un sentido activo, creyente, confiado; (b) en el sentido pasivo, fiable, fiel, de confianza. Esta palabra se traduce como «creyente» en Juan 20:27; Hechos 16:1; 2 Corintios 6:15; Gálatas 3:9; 1 Timoteo 4:3; en el v.10 se traduce como «los que creen» y en el v. 12 como «creyentes». *pistis* se traduce también como persuasión firme, convicción basada en lo oído (relacionado con *peitho*, persuadir). En el NT siempre esta palabra se utiliza en referencia a las cosas espirituales. Puede tener una connotación de: (a) Confianza (p. ej. Rom. 3:25; 1 Cor. 2:5; 15:14, 17; 2 Cor. 1:24; Gál. 3:23; Fil. 1:25; 2:17; 1 Ts. 3:2; 2 Ts. 1:3. (b) Fiabilidad (p. ej. Mt. 23:23; Rom. 3:3 [cuando se usa en «la fidelidad de Dios»]; Gál. 5:22; [en la RVR 77, en el pasaje de Gálatas 5:22, se usa *fidelidad* donde en la RVR60 se usa *fe*]; en Tito 2:10 dice «fieles». (c) Como una metonimia,[93] aquello que es creído, [obedecían a *la fe*], (Hch. 6:7; 14:22; Gál. 1:23; 3:25) [contrastar con 3:23, bajo (a)]; Gál. 6:10; Fil. 1:27; 1 Ts. 3:10; Jud. 3:20, y quizás 2 Ts. 3.2). (d) Una base para la fe, una certeza (Hch. 17:31). (e) Una prenda de fidelidad, la fe empeñada (1 Ti. 5:12).[94]

Muñoz, McGhee, Wood, Hernando y Woodworth, dicen: «El don de fe es el aumento sobrenatural de la certeza que ayuda al cristiano a creer a Dios respecto a las cosas que son imposibles para los hombres. La fe siempre tiene un objeto, y la Biblia nunca habla de fe en las persona o individuos sino siempre en Dios».[95]

[73] LOS DONES DEL ESPÍRITU SANTO

La fe del don de fe es algo especial, aunque esto deriva en otra pregunta: ¿qué tan especial? Muñoz, McGhee, Wood, Hernando y Woodworth preguntan: «¿Cuán especial o inusual debe ser una expresión de fe para que sea llamada "don de fe"?».[96]

El don de fe en el Antiguo Testamento

Hay suficientes ejemplos de la puesta en práctica del don de fe en la Biblia. En cuanto al AT se puede tomar de ejemplo el caso del profeta Elías. El profeta Elías aparece súbitamente en la escena en 1 Reyes 17:1, se presenta ante Acab, el rey más perverso de la historia de los reyes de Israel, y le dice: «Vive Jehová, Dios de Israel, en cuya presencia estoy, que no habrá lluvia ni rocío en estos años, sino por mi palabra». Y ¿qué fue lo que sucedió? Que su palabra se cumplió al pie de la letra. La vida del profeta Elías es una vida de fe en todo sentido. Aunque también en la Palabra se ve que la fe de este gran hombre de Dios se derrumbó completamente (en 1 Reyes 19), nadie podría dudar que Elías fue un poderoso hombre de Dios cuya fe podía mover montañas. Él tenía el don de fe. Se observa, por ejemplo, el caso del monte Carmelo, cuando dijo: «Si Jehová es Dios, seguidle; y si Baal, id en pos de él» (1 Reyes 18:21). Decir estas palabras en las circunstancias del profeta Elías, era una sentencia de muerte inminente; sin embargo, él tuvo una tremenda fe en Dios. Y lo que sucedió después de sus palabras es otro ejemplo del ejercicio del don de fe: bajó fuego del cielo para confirmar que Elías era un verdadero profeta de Dios y que Jehová era y es el Dios verdadero.

Otra persona de la que también se puede hablar es el profeta Daniel. Daniel era una persona intachable, un siervo de Dios y del prójimo, un hombre con una inteligencia superior y virtudes inigualables. Su comportamiento y sus talentos lo hicieron ocupar una posición alta en el gobierno de aquel entonces, y el rey estaba pensando en ponerlo como jefe de los otros gobernantes. Esta idea provocó los celos de los demás, y estos armaron un complot para matarlo: que muriera devorado por los leones. Sin embargo, puede verse en el pasaje que Daniel, haciendo uso de una fe extraordinaria, no tuvo miedo del decreto que sus enemigos hicieron que el rey firmara para destruirlo. Antes bien, continuó haciendo lo que siempre hacía, aun a sabiendas de que era en contra de su vida (aparentemente). Daniel era un hombre extraordinario en todo sentido, pero también, es posible que hubiera tenido el don de fe, pues de otra manera, no hubiera podido soportar una prueba tan espantosa. En Daniel 6:17-28 puede leerse el desenlace de la historia, y el fruto de la fe de este gran hombre de Dios.

El caso de Abraham es otro ejemplo del ejercicio del don de fe. Abraham recibió la palabra de Dios de que Sara y él tendrían un hijo, aunque esto era humanamente imposible. En Génesis 15, Abraham recibió la promesa de Dios, pero la promesa no se cumplió de inmediato. La Biblia dice que tuvieron que pasar todavía 25 años antes del cumplimiento de la promesa de Dios. Dios dijo a Abraham en Génesis 15:5: «y lo llevó fuera, y le dijo: Mira ahora los cielos, y cuenta las estrellas, si las puedes contar. Y le dijo: Así será tu descendencia». Ahora se denota el don de fe en la respuesta del corazón de Abraham: «Y creyó a Jehová, y le fue contado por justicia» (v. 6). Luego, habiendo pasado ya veinticuatro años de ese acontecimiento, Dios se le presentó otra vez a Abraham y le dijo: «De cierto volveré a ti; y según el tiempo de la vida, he aquí que Sara tu mujer tendrá un hijo» (Génesis 18:10). Un ejemplo más está en la vida de Josué. En Josué 6 se narra el derrumbe de las murallas de Jericó mediante el poder de Dios. Dios dio instrucciones a Josué, y en los versículos 12-14 se lee que este, mediante el ejercicio del don de fe, obedeció al pie de la letra las instrucciones de Dios. Ahí dice:

> Y Josué se levantó de mañana, y los sacerdotes tomaron el arca de Jehová. Y los siete sacerdotes, llevando las siete bocinas de cuerno de carnero, fueron delante del arca de Jehová, andando siempre y tocando las bocinas; y los hombres armados iban delante de ellos, y la retaguardia iba tras el arca de Jehová, mientras las bocinas tocaban continuamente. Así dieron otra vuelta a la ciudad el segundo día, y volvieron al campamento; y de esta manera hicieron durante seis días… Y cuando los sacerdotes tocaron las bocinas la séptima vez, Josué dijo al pueblo: Gritad, porque Jehová os ha entregado la ciudad… y el muro se derrumbó (Josué 6:15-20).

El don de fe en el Nuevo Testamento

Existen también bastantes ejemplos del don de fe en acción en el Nuevo Testamento. Uno de los primeros ejemplos que se pueden observar del don de fe en la vida de una persona es el caso de María. María, una mujer virgen, encontró gracia delante de Dios y Él le envió un ángel para avisarle que sería la madre del Mesías. Su gran fe consistió en creer que Dios efectivamente haría lo que Él le había prometido, y le ayudaría a sortear con éxito todas las dificultades que le esperaban. Una de las más grandes dificultades estaba en el aspecto social. En aquel entonces, se aplicaba estrictamente la ley para personas que caían en adulterio, o fornicación (mayormente en el caso de las mujeres, [véase Juan 8:1-10]); por tanto, si María resultaba embarazada, su vida estaba en peligro inminente. No obstante, ella creyó a la Palabra del Señor y fue librada.

En el pasaje de Mateo 8:23-27, si los discípulos hubieran estado calmados, como Jesús lo estuvo, entonces hubieran manifestado el don de fe. No obstante, el don de fe se puede observar en los apóstoles después del derramamiento del Espíritu Santo de Hechos 2. Pedro, por ejemplo, cuando fue encarcelado, sabiendo de antemano que Herodes ya había logrado matar a Jacobo (otro de los grandes apóstoles), y que él estaba sentenciado a muerte, para morir a la mañana siguiente, manifestando el don de fe, fue capaz de dormir aquella noche. La Biblia dice: «Estaba Pedro durmiendo entre dos soldados, sujeto con dos cadenas y los guardias delante de la puerta custodiaban la cárcel. Y he aquí que se presentó un ángel del Señor, y una luz resplandeció en la cárcel; y tocando a Pedro en el costado, le despertó, diciendo: Levántate pronto. Y las cadenas se cayeron de las manos» (Hechos 12:6-7). El pasaje es prueba inequívoca de un don de fe extraordinario, pues Pedro estaba tan dormido, que ni siquiera se dio cuenta de lo que había sucedido hasta que estuvo en la calle. Incluso, ni el ángel logró despertarle. Su Maestro estuvo dormido en aquella tremenda tempestad; aquella vez, cuando él, junto con los demás, había gritado: «¡Señor, sálvanos, que perecemos!» (Mat. 8:25), ahora, era Pedro el que estaba dormido, descansando en Dios plenamente, y esto debido al ejercicio del don de fe.

Otro ejemplo es Esteban. Hechos 6:8 dice que Esteban estaba lleno de fe y del Espíritu Santo. Este fue capaz de enfrentar con valentía a los enemigos del evangelio, sabiendo de antemano que ellos estaban dispuestos a matarlo. Él demostró el don de fe al predicarles la Palabra de Dios y reprenderlos duramente sin temor de perder la vida. La muerte de Esteban es una muerte extraordinaria, pues dice la Biblia: «Y apedreaban a Esteban, mientras él invocaba y decía: Señor Jesús, recibe mi espíritu. Y puesto de rodillas, clamó a gran voz: Señor, no les tomes en cuenta este pecado. Y habiendo dicho esto, durmió» (Hechos 7:59-60).

El don de fe en la iglesia de hoy

En los tiempos modernos se pueden contar varios hombres destacados por su fe, de los cuales se puede decir que poseyeron el don de fe. Jorge Müller, aunque él decía no tener el don de fe, definitivamente, se puede decir que él lo llegó a tener. James Mudge dice —cuando escribe una biografía de Müeller— lo siguiente:

> [Müeller] llegó a leer la Biblia entera, de principio a fin, cerca de 200 veces [...] Ningún secreto subyace detrás de la vida de éxito de Müeller sino una devota meditación y continua reflexión en las Escrituras [...], y muy conectado a esto, Müeller fue un poderoso hombre de oración. Él nunca estuvo bastante ocupado para orar. Él decía a sus hermanos que decían: «tengo mucho que hacer» que cuatro horas de trabajo con una hora de oración es mejor que cinco sin ella.[97]

Sabido es que, durante su vida, Jorge Müeller fundó y dirigió una organización que atendió y cuidó a más de diez mil huérfanos. Asimismo, estableció 117 escuelas que brindaban educación cristiana a más de 120,000 niños. En su vida ministerial, Müeller nunca solicitó apoyo financiero ni se endeudó. En su artículo sobre Jorge Müeller, el equipo de redacción de BiteProject escribe: «En muchas ocasiones, en respuesta a la oración, él recibió alimentos jamás solicitados, pero que eran urgentes para los niños huérfanos. También distribuyó aproximadamente 282,000 Biblias y millones de Nuevos Testamentos».[98]

[77] LOS DONES DEL ESPÍRITU SANTO

Un segundo ejemplo del ejercicio del don de fe se puede encontrar en John Paton. El biógrafo Charles W. Forman dice de Paton:

> John Paton nació en Kirhmahoe, Dumfriesshire, Escocia. Después de servir como misionero en la ciudad de Glasgow (1847-1856) estudió teología y medicina en la Universidad de Glasgow y fue enviado como misionero por la Iglesia Reformada Presbiteriana de Escocia y comenzó su trabajo misionero en la Isla de Tanna en 1858. En su tiempo como misionero enfrentó enfermedad y peligros desde el inicio; tanto su esposa como su hijo (todavía bebé), murieron en el primer año en ese lugar. Luego, habiendo encontrado financiamiento en Australia para su obra misionera en la isla Aniwa en la Nueva Hébrida (una de las islas del pacífico, esta isla está cerca de Australia), se estacionó ahí.[99]

Estando en su trabajo misionero entre los caníbales de Aniwa, Dios dio a Paton un don de fe y ese don de fe hizo que la isla entera viniera el evangelio. Él dice en su autobiografía:

> Ya que la Aniwa no tenía un suministro permanente de agua fresca, ni mediante una corriente de agua o un lago, resolví, mediante la ayuda de Dios, cavar un pozo cercano a la Misión, confiando que, una sabiduría mayor que la mía me guiaría a la fuente de esa fuente bendita. Yo era un perfecto ignorante respecto a las condiciones científicas; pero contaba con que, encima de mis temores, cavaría un pozo de treinta pies... resolví esto en esperanza, en fe de que el Hijo de Dios sería glorificado de esa manera.[100]

Luego de esto, retó al jefe de la isla, y el jefe, habiendo aceptado el reto, resolvió que, si Paton lograba encontrar agua dulce en el pozo que había resuelto hacer, él se entregaría a Cristo. El resultado fue que, después de que Dios hizo el milagro, tanto él como todos en la isla se entregaron al Señor. El don de fe es manifestado por el Espíritu Santo para glorificar a Cristo, y para que las almas sean salvas.

El tercer ejemplo que se mencionará en este libro respecto al ejercicio del don de fe en la Iglesia contemporánea es el de Juan Wesley. Arthur Dicken Thomas, profesor en Wesley Theological Seminary escribió un resumen muy atinado de la vida de Wesley. Él dice: «Fue tanta la fe y pasión de Wesley, que él escribió muchas cartas instando a la gente a seguir la vida de oración, la devoción y la santidad. Incluso escribió a William Wilberforce, miembro del Parlamento, para instarlo a tomar la causa de poner fin a la práctica de trata de esclavos».[101] Wilberforce consiguió en el Parlamento que la trata de esclavos se aboliera en el Imperio Británico; ya para entonces, en 1774, Wesley había escrito *Pensamientos sobre la esclavitud*, una obra de gran influencia en contra de la esclavitud. Luego, Thomas dice también:

> Wesley escribió miles de cartas con consejos espirituales sobre la santidad personal y social; también […] se dedicó a traducir, editar y publicar, cincuenta volúmenes de los clásicos cristianos entre 1749 y 1757. Wesley guio a la gente a experimentar el nuevo nacimiento y el gozo de la seguridad de salvación, pero también, él continuaba trabajando con los recién convertidos para que estos tuviesen formación espiritual, él hacía de la formación espiritual una prioridad […] aplicaba buena parte de su tiempo a ayudar a los conversos a madurar en la fe y a crecer en santidad.[102]

De Juan Wesley no se cuentan muchos testimonios de milagros sobresalientes, sin embargo, su vida fue extremadamente dedicada y productiva. Su pasión y entrega constante e incansable, pueden testificar de él, que tenía el don de fe.

¿Cómo se usa el don de fe?

El don de fe de 1 Corintios 12:8-10 se menciona en varios pasajes de la Biblia. Este don es una manifestación sobrenatural que permite a una persona confiar en Dios y creer en sus promesas con una convicción y seguridad extraordinarias.

La fe es una parte fundamental de la vida de un creyente y el don de fe es una capacidad especial que Dios otorga a ciertos individuos para, no solo tener una confianza extraordinaria de manera personal, sino para ayudar a fortalecer la fe de los demás. Este don permite a una persona ver más allá de las circunstancias y confiar en la fidelidad de Dios incluso en momentos de gran dificultad.

[79] LOS DONES DEL ESPÍRITU SANTO

Cuando una persona opera en el don de fe, puede experimentar un nivel profundo de confianza en Dios y en su poder. Puede creer en las promesas de Dios sin dudar y actuar en consecuencia, incluso cuando las circunstancias parecen desfavorables. Este don no se basa en la lógica o en una evidencia tangible, sino en una conexión íntima con Dios y en la revelación de su voluntad.

El don de fe puede manifestarse de diferentes maneras en la vida de un creyente. Algunas personas pueden recibir una palabra profética o una visión específica de parte de Dios, lo que fortalece su fe y les da dirección. Otras personas pueden tener una fe inquebrantable en las promesas generales de la Biblia y confiar en que Dios cumplirá su Palabra en todas las circunstancias.

Es importante tener en cuenta que el don de fe no es algo que una persona pueda simplemente obtener por sí misma. Es un regalo de Dios que se concede según su voluntad. Sin embargo, todos los creyentes pueden cultivar y fortalecer su fe a través de la oración, el estudio de la Palabra de Dios y la comunión con otros creyentes.

Así pues, el don de fe es una manifestación sobrenatural de confianza en Dios y en sus promesas. Permite a una persona creer y actuar en consecuencia, incluso en medio de circunstancias difíciles. Es un regalo de Dios que fortalece la fe de los creyentes y les permite experimentar una conexión más profunda con Él.

Fee dice que es cierto que Pablo sabe que la fe que lleva a la salvación es obra del Espíritu en la vida del creyente; sin embargo, la fe de la que habla 1 Corintios 12:9, y que luego se repite en 1 Corintios 13:2 es la «fe que mueve montañas».[103] Luego Fee dice:

> Algunos enseñan que el don de fe nos capacita para hacer la voluntad de Dios, perseverar para vencer la duda, las burlas y la oposición. Éstos citan a los héroes de la fe de Hebreos 11. ¿El don de fe capacitó a Noé para construir el arca en tierra seca, trabajando por muchos años mientras los pecadores se burlaban de él? ¿El don de fe ayudó a Abraham, ya un anciano, para creer que Dios le daría un hijo y una multitud de hijos? ¿El don de fe capacitó a Moisés para pararse audazmente delante del faraón, el gobernador del mundo, y exigirle que liberara a una nación de esclavos? ¿El don de fe ayu-

dó a Gedeón, un hombre débil y temeroso, para llegar a ser un guerrero poderoso y dirigir una nación a la libertad? ¿En qué punto la fe que Dios da llega a ser lo suficientemente asombrosa o lo *suficientemente especial* para calificar como el don de fe de 1 Corintios 12:9? Estas preguntas son demasiado difíciles para este autor y demasiado maravillosas para discutir sobre ellas.[104]

Muñoz, McGhee, Wood, Hernando y Woodworth dicen que el don de fe está vinculado con sanidades y milagros, y mencionan una lista de posibles ejemplos del ejercicio del don de fe:

> Un don de fe capacitó a María para creer que, aunque ella era virgen, daría a luz al Mesías (Lucas 1:34-38). (2) Un don de fe capacitó a una mujer con flujo de sangre para abrirse paso entre la multitud y tocar a Jesús para recibir sanidad (Mat. 9:20-22). (3) Un don de fe capacitó a Pablo para creer que Dios salvaría a todos en la nave, después de 2 semanas de estar en una severa tormenta, y después de que toda esperanza de ser salvos se había perdido (Hch. 27:25). (4) Un don de fe capacitó a Bernabé para ser amigo de Saulo (un blasfemo y asesino) quien luego se convirtió en el apóstol Pablo. (5) Un don de fe capacitó a un hombre paralítico de nacimiento para recibir sanidad (Hch. 14:9).[105]

Se pueden mencionar muchos ejemplos bíblicos del don de fe; sin embargo, los cristianos deben recordar que el don de fe con frecuencia puede capacitar a padres, madres, maestros, estudiantes y a cualquier creyente para confiar en Dios y cumplir con su voluntad. Por cierto, la fe es indispensable para caminar con Dios y para vivir la vida cristiana; es necesario que el hijo/ la hija de Dios ore sin cesar y espere que Dios le dé la fe que necesita para servirle en el propósito al que Él le haya llamado.

Conclusión del capítulo VIII

En este capítulo hemos estado examinando el don de fe. He brindado los puntos de vista de varios autores y también discutido el significado del don de fe y sus diferencias con otros tipos de fe mencionados en las Escrituras. Se ha realizado también la exégesis de varios pasajes bíblicos. De esto puedo concluir que la fe en general está accesible para todos, mientras que el don de fe es un regalo otorgado por el Espíritu Santo para efectuar milagros y vivir una vida de extraordinario vigor y poder en el Señor. El tema de la fe es el tema más mencionado y tratado en la Biblia, pero mayormente en el NT, Jesús y los apóstoles hablaron muchas veces del tema de la fe e instaron a todos a tener fe en Dios.

Se habla en primer lugar de la fe salvadora, la fe que es indispensable para que una persona sea salva (esta fe trabaja en conjunto con el arrepentimiento). Luego de una fe que va en crecimiento, la cual se fomenta mediante el estudio continuo de la Palabra de Dios «la fe es por el oír, y el oír, por la palabra de Dios» (Romanos 10:17). La función de los siervos de Dios, los pastores y maestros, es ayudar a los creyentes a vivir una vida de fe en crecimiento.

No obstante, el don de fe tiene que ver con una confianza firme y poderosa en Dios para lo sobrenatural, y para ayudar a otros a creer en lo sobrenatural. Es algo otorgado por el Espíritu Santo y es para la gloria de Dios. En el siguiente capítulo se estará hablando del don de sanidades.

Referencias:

[86] Brooks, 88.

[87] Ibid.

[88] Muñoz, McGhee, Wood, Hernando, Woodworth. 130.

[89] Blue Letter Bible, "Lexicon: Strong's G4100 -pisteuō", *Blue Letter Bible*, s.f. https://www.blueletterbible.org/lexicon/g4100/kjv/tr/0-1/.

[90] Derek Prince, "Faith as fruit", *The Mechanics of Faith: Hope, Faith, Prayer*, s.f. https://www.hopefaithprayer.com/faith/faith-as-a-fruit-derek-prince/#:~:text=As%20a%20form%20of%20fruit,Entrusting%20leads%20to%20trusting.

[91] Ibid.

[92] Ibid.

[93] Nota: la palabra metonimia, según la RAE es un tropo que consiste en designar algo con el nombre de otra cosa tomando el efecto por la causa o viceversa, el autor por sus obras, el signo por la cosa significada, etc.; p. ej., *las canas* por *la vejez*; leer a Virgilio, por leer *las obras de Virgilio*; *el laurel* por *la gloria*. https://dle.rae.es/metonimia.

[95] Wood, Hernando, Woodworth, Muñoz & McGhee, 129-130.

[96] Ibid.

[97] James Mudge, *Religious experience exemplified in the lives of illustrious Christians* (Cincinnati: Jennings and Graham; New York: Eatn and Mains, 1913), 111-112.

[98] BiteProject. "George Müeller: una vida de oración y fe". *Bite Project*, septiembre 27, 2023. https://biteproject.com/george-muller/.

[99] Charles W. Forman, "Paton, John G(ibson)," en *Biographical Dictionary of Christian Missions*, ed. Gerald H. Anderson (New York: Macmillan Reference USA, 1998), 518-19.

[100] John G. Paton, *Missionary to the New Hebrides: An Autobiography* (New York: Fleming H. Revell Company, 1898), 178.

[101] Arthur Dicken Thomas, "Profiles in faith: John Wesley", *C.S. Lewis Institute*, junio 5, 2003. https://www.cslewisinstitute.org/resources/profiles-in-faith-john-wesley/#:~:text=I%20felt%20I%20did%20trust,and%20justification%20by%20faith%20alone.

[102] Ibid.

[103] Wood, Hernando, Woodworth, Muñoz & McGhee, 130.

[104] Ibid.

[105] Ibid, 131.

IX. EL DON DE SANIDADES

El don de sanidades tiene que ver con una habilidad especial, otorgada por el Espíritu Santo, para aliviar enfermedades y dolencias. Este don permite que una persona sea un canal mediante el cual Dios manifiesta su poder sanador. A través del don de sanidades se puede experimentar no solo sanidad física, si no también emocional y espiritual. Es importante tener en cuenta que el don de sanidades no depende de la habilidad humana, sino de lo que hace el Espíritu Santo. No todas las personas poseen este don, y su manifestación puede variar en intensidad y frecuencia. El don de sanidades es uno de los dones espirituales mencionados en la Biblia, específicamente en 1 Corintios 12:9, y se considera como un don dado por Dios para edificar y fortalecer a la iglesia y para demostrar su amor y poder.

¿Qué es el don de sanidades?

Respecto al don de sanidades, Vine escribe en su diccionario lo siguiente:

> El don de sanidades es más mencionado por Lucas en el Nuevo Testamento. Él utiliza la palabra griega *iaomai* (ἰάομαι, Strong 2390), la cual se traduce como *sanar*. Esta palabra puede significar: (a) sanidad de un tratamiento físico (22 veces, p. ej. en Mt. 15:28; Hch. 9:34); (b) en un sentido figurado, la sanidad espiritual (Mt. 13.15; Jn 12:40; Hch. 28:27; Heb. 12:13; 1 P 2:24). Posiblemente en Santiago 5:16 se incluyen ambos tipos de sanidades (a) y (b). En el TR [Textus Receptus] aparece con el sentido de (b), en Lc. 4:18. Aparte de este pasaje, Lucas, el médico, utiliza esta palabra en 15 ocasiones.[106]

Dice Vine que el pasaje de 1 Pedro 2:24 se refiere a una sanidad espiritual; sin embargo, no hay base para decir que así sea. Más bien, el sentido del pasaje habla de una sanidad física. Además de la palabra *iaomai* existen también otros verbos en griego utilizados en el Nuevo Testamento para referirse a la palabra sanar: *therapeuo* (θεραπεύω, Strong 2323), *sozo* (σώζω, Strong 4982) y *diasozo* (διασώζω, Strong 1295). Estas palabras también son traducidas como sanar (y sus derivados verbales) en el Nuevo Testamento.

Por su parte, David Guzik, cuando explica 1 Corintios 12, dice:

> El don de sanidades es el poder sanador de Dios, el cual ha sido documentado muchas veces [...] Es el poder, otorgado por el Espíritu Santo, que en determinados momentos recibieron los apóstoles para curar enfermedades [...] Sin embargo, este poder no fue uno que residió siempre en ellos, pues Pablo no pudo curar a Timoteo, ni remover su propio aguijón en la carne; porque solo era dado en ocasiones extraordinarias, aunque quizás de manera más *general* que en muchos otros.[107]

Se puede decir —en cuanto a lo que comenta Guzik—, que no dice la Biblia que el «aguijón en la carne» mencionado por el apóstol Pablo se tratara de una enfermedad, y esto es solo algo que Guzik está suponiendo sin base bíblica. Por otro lado, aunque sí es verdad que Pablo habla de que Timoteo tenía enfermedades frecuentes en el estómago (1 Tim. 5:23), le recomienda tomar vino en lugar de agua para darnos un precedente de lo importante que es para Dios la prevención de las enfermedades.

Adicional a los comentarios de Vine y Guzik, Horton no solo define el don de sanidades sino también afirma: «El don de sanidades es para todos hoy, y está activo».[108] Lo que argumenta Horton para llegar a esta conclusión es lo siguiente:

> En primer lugar, se encuentra en la Biblia, y la Biblia, la cual es inspirada por el Espíritu Santo, es para todos los seres humanos de todas las edades y épocas. En segundo lugar, el Señor Jesucristo, quien fue revelado en las Escrituras como Sanador, es el mismo al que la Iglesia sirve hoy, y Él es el mismo de ayer, y de hoy, y por todos los siglos (Hebreos 13:8). Asimismo, hay una gran continuidad en la persona, el carácter y la obra de Cristo después de su muerte, resurrección y ascensión.[109]

En referencia a este tema, Nelson Wilton, en su *Nuevo Diccionario Ilustrado de la Biblia*, cuando hace un análisis de 1 Corintios, y en particular, del don de sanidades de 1 Corintios 12, anota lo siguiente: «El término griego *charimata iamaton* (1 Cor. 12:9, 28, 30), aparece solamente en este pasaje, y es la única mención de este en el Nuevo Testamento, y ambas palabras —don y sanidad—, aparecen en plural; este don, como el de milagros, aparecen en plural para dar un sentido de abundancia y variedad, y que se desprenden de la fe».[110]

Esto quiere decir —según Wilton— que lo más correcto sería decir «dones de sanidades»; que se ha registrado en las Escrituras de esta manera porque Dios es basto en el tema de la sanidad; y que esta palabra se aplica a todas las áreas del ser humano.

Wilson también dice: «Los dones de milagros y sanidades se destacan por su poder simbólico que evidencia la acción de Dios para liberar de la esclavitud del mal y de los resultados del pecado en todos los niveles de la vida».[111]

Deiros, en su libro *Sanidad cristiana integral*, al comentar sobre el don de sanidades hace mención de Hechos 10:38 para probar que las sanidades de todo tipo fueron un componente fundamental en el ministerio del Mesías.[112] Luego, al citar Mateo 4:23, Deiros dice: «Las sanidades efectuadas por Jesús y la expulsión de demonios eran la manifestación de lo que Él empezó a predicar: Que el reino de Dios está cercano (Mr. 1:14); esta era la inauguración de este reino».[113]

Estoy de acuerdo con Deiros al decir que con el advenimiento de Cristo y con su obra, se inauguró el establecimiento del reino de Dios, en el cual, los dones del Espíritu Santo son derramados y están disponibles para los creyentes sin distinción, pues Dios había dicho: «En los últimos días derramaré de mi Espíritu sobre toda carne» (Jl. 2:28, Hch. 2.17).

En el ministerio de Jesús está bastante claro la realidad de las sanidades físicas, emocionales y espirituales; y entre los que Jesús sanó, los paralíticos, los ciegos y los poseídos por demonios son muy mencionados en los evangelios. En el ministerio de Jesús se puede observar no solamente la sanidad física sino la emocional, pues la profecía dice que Él sanaría a «los quebrantados de corazón» (Is. 61:1). Jesús siempre estuvo interesado en restaurar las vidas humanas en todos los sentidos, y no solo a los individuos, sino a la sociedad entera.

No obstante, algunos que niegan que los milagros operan hoy hacen énfasis en la parte emocional y espiritual del ministerio de Jesús, y casi no le dan importancia a su ministerio de sanidad física. Esto es un grave error, porque la sanidad física es algo que está muy marcado en el ministerio de Jesús y este ministerio ha continuado hasta hoy. Ciertamente el ministerio de Jesús fue un ministerio de salud integral, pero dentro de esta salud, la salud física tuvo (y tiene) un rol bastante importante.

De Griggioen también tiene comentarios atinados respecto a este tema. En el prólogo del libro *Sanos por la Palabra*, él comenta, (haciendo alusión al Isaías 61:1-3): «Jesús, el Ungido, fue enviado para sanar a aquellos que sufren trastornos interiores; vino a liberarlos, a consolarlos y a darles gloria "óleo de gozo y manto de alegría". Jesús, como sanador, es el único que puede dar salud total al ser humano».[114] De Griggioen también menciona la palabra que en la RV1960 es traducida como *salvación*: «Esta [palabra] en la versión RV1909 es traducida como *salud*. De esta manera, el concepto de salud es más amplio en la versión antigua española, y de lo que ahora se entiende con el término *salud*. La idea de salud/salvación no solo es la liberación del alma del infierno y de su admisión al cielo [...] es una salud total, que abarca el ser entero».[115]

De este tema también dice Eliud A. Montoya, en su libro *Las 16 doctrinas fundamentales explicadas*, lo siguiente: «Cristo vino para pagar el precio tanto de nuestra salud física como de nuestra salud espiritual, esa es la provisión de nuestro Señor y parte integral de los beneficios del calvario».[116]

El don de sanidades en el Antiguo Testamento

El don de sanidades está presente en el Antiguo Testamento. Dios, desde tiempos remotos, desde el inicio de la humanidad, quiso mostrar su poder sanando a los seres humanos. El primer caso de sanidad divina presente en la Biblia es el caso de la sanidad de Abimelec. La narración bíblica está en Génesis 20. Ahí dice que Abraham, quien estaba casado con Sara, debido a sus miedos de que lo fuesen a matar para quitarle a su esposa (pues era muy atractiva), dijo que ella era su hermana. Fue así que el señor del lugar en donde en ese momento vivían —Abimelec— mandó que le trajesen la mujer de Abraham, creyendo que era su hermana. Cuando eso pasó, Dios hizo que Abimelec y su casa enfermaran por causa de Sara, mujer de Abraham, y Él mismo también le advirtió a Abimelec que regresara a Sara, mujer de Abraham, pues de otra manera él moriría. Cuando Abimelec regresó a Sara a su marido, Abraham oró por Abimelec y su casa para que fuesen sanados y Dios regresó a ellos la bendición de la salud física. Este es el primer caso del ejercicio del don de sanidad en la Biblia.

La sanidad de Abimelec y de su casa es la primera mención explícita de la sanidad divina en el Antiguo Testamento; sin embargo, la longevidad por sí sola, prueba la manifestación de este don de Dios. Así, Matusalén es la persona más longeva mencionada en la Biblia, él vivió 969 años (Gn. 5:27).

Desde el principio, Dios quiso que el ser humano estuviese saludable y viviera muchos años; sin embargo, el pecado trajo cada vez más enfermedad y muerte; y puesto que el hombre seguía en su carrera de maldad, la longevidad en los tiempos posdiluvianos bajó considerablemente, y ya en Génesis 11:24-25 se menciona que Nacor vivió solamente 148 años (Gn. 11:24-25). Dios había dicho: «No contenderá mi espíritu con el hombre para siempre, porque ciertamente él es carne; mas serán sus días ciento veinte años» (Gn. 6:3). Luego del Génesis, la sanidad divina se vuelve a mencionar en el libro de Éxodo. Respecto a esta mención, en su libro *El don de sanidad*, Ron Philips dice:

> Dios hizo un pacto con Moisés y con el pueblo mediante las leyes y estatutos que Él les dio a ellos. Le dijo que si obedecían sus mandamientos Él les daría salud física, y no les enviaría las enfermedades que envió a los egipcios. La naturaleza de Dios mismo y su nombre son de un Dios Sanador. Él se manifestó a Moisés en la zarza ardiendo y le dijo: «Yo soy lo que siempre he sido y yo soy lo que siempre

seré» [aquí Philips parafrasea el pasaje de Éxodo 3:6], y más adelante se manifiesta como *Yahvé Rafa*, esto es el YO SOY Sanador. Dios mismo dice de Él que Él es el que sana: Yahvé Rafa (Jehová Rafa, El Señor que sana). ¡Este nombre combinado significa que el Señor está presente en el ahora para sanar! Su sanidad estaba disponible, pero condicionada por la fe y la obediencia a sus palabras. Este pacto de sanidad nunca ha sido anulado.[117]

En el Antiguo Testamento se mencionan los profetas siendo usados con el don de sanidad. Se tiene, por ejemplo, el caso de Moisés sanando a su hermana Miriam en Números 12:10-15, o al profeta Eliseo en 1 Reyes 17:17-24, en donde Dios lo usó para sanar/resucitar al hijo de la mujer mencionada en el pasaje. Asimismo, en 2 Reyes 5:1-14, Dios usó a este mismo profeta para sanar a Naamán, el general del ejército asirio. Eliseo fue tan solo uno de los profetas que Dios usó con el don de sanidades. Dice también la Biblia que, cuando el pueblo de Dios salió de Egipto, «no hubo en sus tribus enfermo» (Sal. 105:37).

Otro caso de la práctica del don de sanidades en el Antiguo Testamento, es el caso de Isaías, cuando con una masa de higo sanó a Ezequías: «Y había dicho Isaías: Tomen masa de higos, y pónganla en la llaga, y sanará» (Isaías 38:21).

Jorge Himitian, en su libro *Sanos por la Palabra*, comenta:

> Jesús vino para sanar y liberar a los cautivos mediante el poder del Espíritu Santo haciendo uso del don de sanidades. Jesús vino a extender la misericordia y el amor de Dios con todos los que sufren; con los abatidos, los afligidos, los que estaban heridos en sus corazones, los que estaban oprimidos por el diablo. Él vino a consolar a los enlutados, aquellos que estaban cubiertos con un manto de tristeza o de angustia en su interior. Precisamente para eso fue ungido el Señor, para sanar, para llevar las buenas noticias a los abatidos, pero también para vendar y curarles sus heridas. Puesto que Jesús conoce la necesidad del ser humano, Él se presenta como el Médico Divino, para devolver a la humanidad su salud perdida.[118]

Himitian también dice que hay quienes han sido sanados por Jesús, pero cuyos males espirituales y enfermedades del alma aún subsisten. Él dice: «Tienen heridas interiores profundas generadas a causa de experiencias del pasado. Muchos de ellos fueron dañados en su niñez ... [estas heridas] se refleja en su vida cotidiana, producto del pecado, ya sea de ellos mismos o de otros, circunstancias diversas que causaron dolor y enfermedad en el alma y en el espíritu».[119]

Sin duda, el ejercicio del don de sanidades ya estaba en operación en el Antiguo Testamento, aunque este era usado bajo condiciones especiales, y esporádicamente en la historia. En la siguiente sección veremos cómo este don creció exponencialmente con el advenimiento de Jesucristo, el Hijo de Dios.

El don de sanidades en el Nuevo Testamento

Los ejemplos del don de sanidad son bastante abundantes en el Nuevo Testamento. Jesús realizó muchas sanidades; y luego los apóstoles y muchos discípulos del Señor continuaron efectuándolas en el nombre de Jesús. Cuando Jesús envió a setenta de estos discípulos les dio la siguiente encomienda: «En cualquier ciudad donde entréis, y os reciban, comed lo que os pongan delante; y sanad a los enfermos que en ella haya, y decidles: Se ha acercado a vosotros el reino de Dios» (Lucas 10:8-9). Luego, cuando regresaron estos setenta de su misión, reportaron a Jesús diciendo: «Señor, aun los demonios se nos sujetan en tu nombre» (v.17). Asimismo, Dios usó a Felipe, quien no era apóstol, con el don de sanidades (Hechos 8:5-7); y a Ananías para sanar a Saulo (Hechos 9:12-18).

En cuanto a los milagros de sanidad divina, Las Asambleas de Dios publicó en su página web (respecto a su posición del tema de la sanidad divina): «Con frecuencia, los escritores de los Evangelios atestiguan que sus milagros de sanidad ocurrían paralelamente con su predicación del evangelio, siendo ambos el propósito de su ministerio (Mateo 4:23; 9:35, 36)».[120] Asimismo, los Evangelios dan crédito al ministerio de sanidad divina física como el cumplimiento de la profecía de Isaías 53:4, por ejemplo, cuando Mateo describe la sanidad de la suegra de Pedro en Mateo 8.

El artículo de Las Asambleas de Dios sigue diciendo que en el Nuevo Testamento se enfatiza la fe para recibir el don de sanidad divina. Este dice: «En realidad, aunque nuestro hombre exterior se va desgastando, el interior se renueva de día en día (2 Cor. 4.16). Esta renovación interior es la que nos hace capaces de tener fe para recibir el don de sanidad divina».[121]

El don de sanidades en la Iglesia de hoy

Como ya se ha mencionado, los dones del Espíritu están vigentes y disponibles para el pueblo de Dios hoy. No existe ninguna evidencia bíblica que diga que estos dones han cesado, por lo tanto, el don de sanidades está en operación el día de hoy. Existen evangelistas, misioneros, pastores y otros hombres y mujeres de Dios que hoy en día operan en el don de sanidad divina.

Hace apenas algunas décadas hubo varios ministerios usados por Dios con el don de sanidad divina, tales como: T.L. Osborn, Catherine Kulman, Maria Eter, Yive Ávila, Derek Prince, Morris Cerullo y muchos otros, los cuales mostraron evidencias de milagros reales de sanidad divina en multitud de personas en sus campañas y cruzadas. Existen muchos ministerios hoy que continúan operando en el don de sanidad divina.

¿Cómo se usa el don de sanidades?

Se puede observar en la Biblia la puesta en práctica del don de sanidades y su operación es mencionada en varios pasajes del Nuevo Testamento. En primer lugar, se conoce que existe el don de sanidades debido a su referencia en 1 Corintios 12:9, donde dice: «A otro, fe por el mismo Espíritu; y a otro, dones de sanidades por el mismo Espíritu». Este don se refiere a la capacidad de sanar enfermedades y dolencias a través del poder del Espíritu Santo, y su operación se puede encontrar en muchos pasajes. De este don Cristo profetizó en Marcos 16:17-18, donde dijo: «Estas señales seguirán a los que creen: En mi nombre echarán fuera demonios; hablarán nuevas lenguas; tomarán en las manos serpientes, y si bebieren cosa mortífera, no les hará daño; sobre los enfermos pondrán sus manos, y sanarán».

Es importante tener en cuenta que el don de sanidades es un don espiritual que fue otorgado a los creyentes desde la época bíblica, y cada individuo podría experimentar y utilizar este don de manera diferente; por tanto, su aplicación puede variar según la interpretación y la enseñanza de diferentes tradiciones cristianas. Cada cristiano debe siempre contar con la opinión de su pastor y estudiar la Palabra de Dios para comprender mejor el don de sanidades y su aplicación en su vida.

El don de sanidades es uno de los llamados «dones de poder» el cual, el Espíritu Santo manifiesta en un momento específico, otorgando salud física sobre los seres humanos (hijos o no hijos de Dios), por ejemplo, cuando el Señor Jesús sanó a la mujer de flujo con tan solo el toque de esta en el borde de su manto (Mr. 5:25).

Es importante tener en cuenta que el don de sanidades se manifiesta de diferentes maneras y no siempre resulta en una curación física inmediata. Algunos creyentes pueden experimentar la sanidad a través de la medicina moderna y otros medios, mientras que otros pueden recibir consuelo y fortaleza espiritual en medio de la enfermedad o discapacidad.

Todo cristiano debe de examinar lo que dicen las Escrituras con respecto al tema de la sanidad divina. Jesús enseñó que para que se produzca y se ponga en operación el don de sanidades es necesaria la fe. Al respecto, Eliud A. Montoya, dice: «Nos dice el Señor Jesús que la fe es el requisito de la sanidad divina. En el pasaje de Marcos 9:14-29 Jesús trata seriamente el tema de la fe y dice que la sanidad es todo cuestión de fe; entonces dice a todos nosotros: "Si puedes creer, al que cree todo le es posible"».[122] Sin duda alguna la operación de este don es muy importante en la Iglesia de todos los tiempos, y es necesario pedir a Dios que se otorgue a los creyentes.

Conclusión del capítulo IX

En este capítulo se habló del don de sanidades. La sanidad que Jesús vino a dar a la humanidad es una sanidad integral, es decir, no solo incluye la sanidad física sino también la sanidad del alma, la sanidad de la mente, la sanidad de las emociones, y de diversos males que el ser humano padece debido al pecado y a la crueldad humana. Sin embargo, la sanidad divina física es parte integral del evangelio, y esta fue prioridad en el ministerio de Jesús de Nazaret, junto con el tema de la salvación o nuevo nacimiento.

Se ha demostrado que el don de sanidades es un don muy importante en la Biblia, Dios le da tal importancia porque no desea que los seres humanos estén enfermos; antes bien, Él envió a su Hijo Unigénito para sanar, y ha dicho: «Yo Soy Jehová tu sanador».

Sin hacer un estudio exhaustivo por motivos de espacio en este libro, respecto al tema de la sanidad divina y al don de sanidades, lo que aquí se ha incluido es suficiente para rebatir los argumentos que desvirtúan la operación de este don en la Iglesia de hoy, y anima a todos los creyentes a buscarlo con ahínco. Ya qué, si Dios ha estado sanando a la humanidad desde que la puso sobre la tierra y hasta el tiempo de los Apóstoles, esto es, por miles de años, ¿cuál sería la causa por la que Dios decidiera cesar de sanar a la humanidad desde el tiempo de los Apóstoles y por los siglos venideros?; y, si hay un solo caso de sanidad divina en los cientos de años de la historia de la Iglesia, ¿cómo podría sostenerse este argumento?

Referencias:

[106] Vine, 427.

[107] David Guzik, "1 Corintios 12: Diversidad y unidad en los dones espirituales", *Blue Letter Bible*, 2016. https://www.blueletterbible.org/Comm/guzik_david/spanish/StudyGuide_1Co/1Co_12.cfm.

[108] Horton, 493.

[109] Ibid.

[110] S.M. Nelson & J.R. Mayo, *Nelson Nuevo Diccionario Ilustrado de la Biblia* (Miami, FL: Editorial Caribe, 1998), 1034.

111] Ibid.

[112] Deiros, *Sanidad Cristiana*, 88.

[113] Ibid.

[114] Jorge Himitian, *Sanos por la palabra* (Buenos Aires: Ediciones Logos, 2010), 28.

[115] Ibid.

[116] Eliud A. Montoya, *Las 16 doctrinas fundamentales explicadas* (Barstow, CA: Editorial Palabra Pura, 2017), 198.

[117] Phillips, 22.

[118] Himitian, 29-30.

[119] Ibid.

[120] Las Asambleas de Dios, "La sanidad divina parte integral del Evangelio", *Assemblies of God*, agosto 2010. https://ag.org/es-ES/Beliefs/Position-Papers/Divine-Healing.

[121] Ibid.

[122] Montoya, 205.

X. EL DON DE MILAGROS

El don de milagros en la Biblia se refiere a una capacidad otorgada por Dios para realizar milagros. Los milagros son eventos extraordinarios que desafían las leyes naturales y muestran el poder y la intervención divina. Este don fue otorgado solo a ciertos individuos en el AT (tales como los profetas), pero está disponible para todos hoy para confirmar la veracidad del mensaje de Dios y demostrar su poder. A través de este don, Dios realiza obras sobrenaturales que trascienden nuestra comprensión y revelan su gloria y amor por la humanidad.

En este capítulo estaré hablando del don de milagros: qué realmente significa, qué beneficios otorga, que utilidad representa para el avance del evangelio y cuál es su aplicación hoy en día. Asimismo, haré un breve recorrido tanto por el Antiguo como por el Nuevo Testamento para brindar algunos ejemplos de hombres de Dios que ejercieron este don tan importante. La premisa inicial parte de que Dios es en sí sobrenatural, por tanto, su naturaleza misma implica que Él actúa sobrenaturalmente. Él ha actuado así en el pasado y continuará actuando de esta manera por siempre, pues Él es inmutable.

¿Qué es el don de milagros?

Al hablar del término *don* —como ya lo he mencionado— hablamos de un regalo de Dios otorgado al ser humano mediante la intervención del Espíritu Santo. He dicho también que estos dones no son otorgados a cualquier persona, sino únicamente a aquellos que han lavado ya sus pecados en la sangre de Jesús, esto es, que se han arrepentido de todo corazón y han dado su vida al Señor. Y aunque ya he dado algunas definiciones de la palabra *don*, en este capítulo añadiré otras.

En el diccionario de Vine, se explican dos palabras griegas:

1) *doma* (δόμα, Strong 1390), esta palabra destaca el carácter concreto del don más que su naturaleza benéfica (Mt. 7:11, Lc. 11:13; Ef.

4:8; Fil. 4:17). 2) *dorea* (δωρεά, Strong 1431), tiene que ver con algo otorgado gratuitamente. En el Nuevo Testamento se usa siempre como un regado espiritual «don espiritual» o algo sobrenatural (Jn. 4:10; Hch. 8:20; 11:17; Ro. 5:15; 2 Cor. 9:15; Ef. 3:7; Heb. 6:4): p. ej. «conforme a la medida del don de Cristo», aquí el don es otorgado por Cristo. En Hechos 2:38 dice: «el don del Espíritu Santo», la cláusula es epexegética,[123] siendo el Espíritu Santo mismo el don que se otorga; cf. 10:45; 11:17, similar a la frase: «el don de la justicia» (Ro. 5:17).[124]

Al hablar de los dones espirituales, como ya lo he estado explicado, se habla de lo que es dado únicamente por el Espíritu. No obstante, el apóstol Pablo dice: «Procurad, pues los dones mejores» (1 Corintios 12:31), «procurad los dones espirituales» (1 Corintios 14:1), y «pues que anheláis dones espirituales, procurad abundar en ellos para edificación de la iglesia» (1 Corintios 14:12). Esto quiere decir que el cristiano puede pedir los dones espirituales a Dios y «procurarlos». La palabra griega traducida por la RV1960 como *procurad* es *zēloō* que quiere decir «querer celosamente», «envidiar», «ser celoso», «desear», «codiciar», «codiciar seriamente». En otras palabras, los dones espirituales se deben de anhelar vehementemente, con mucha fuerza. Los otorga el Espíritu a quien Él quiere y como Él quiere, pero la Iglesia debe anhelarlos y pedirlos con insistencia y con sumo interés.

Por otro lado, es también importante definir la palabra *milagro*; no obstante, para tener una mejor comprensión de esta palabra, hablemos primero de la palabra *poder*, la cual está íntimamente relacionada. El diccionario Vine define la palabra traducida como *poder* de la siguiente manera:

> La palabra [gr. *dunamis* (δύναμις, Strong 1411)], la cual es traducida como milagros en el pasaje de 1 Corintios 12 como un poder o una capacidad inherente para efectuar algo, se usa en obras cuyo origen y carácter es sobrenatural, esto es, que no podrían ser producidas por agentes y medios naturales. Los siguientes son algunos pasajes en donde se usa esta palabra: Mt 7.22; 11.20, 21,23; 13.54,58; Mc 6.2,5; 9.39; Lc 10.13; 19.37; Hch 2.22; 8.13; 19.11; 1 Co 12.10, 28,29; 2 Co 12.12; Heb 2.4.[125]

Mientras tanto, en el *Diccionario bíblico Lexam* se define la palabra *milagro* (δύναμις, *dynamis*) como un evento que desafía las expectativas comunes de comportamiento y que luego se considera producto de un agente sobrehumano, esto es, un hecho que demuestra la participación de Dios en el curso de los asuntos humanos. Dice también el diccionario que los milagros se caracterizan por cuatro cosas. En primer lugar, tienen que ver con la forma en que se efectuó el milagro; en segundo lugar, tiene que ver con el autor en última instancia del milagro; en tercer lugar, tiene que ver con la presencia o la ausencia de un agente intermedio, y en cuatro y último lugar, tiene que ver con las respuestas de los observadores. El diccionario también dice: «Estos aspectos de caracterización están interrelacionados. Por ejemplo, la confirmación de Jesús de Nazaret como intermediario de los milagros de los evangelios afecta las funciones teológicas de los milagros».[126]

Aunque los pentecostales son de la idea de que se debe continuar enseñando sobre los dones y que Dios sigue usando a los que creen con prodigios y milagros (como Dios mismo lo dijo que al que cree todo le es posible y no solo para los apóstoles de ese siglo sino para todos y por siempre), Wayne Grudem en su libro *¿Son vigentes los dones milagrosos?* comenta lo que él piensa y lo que arroja su investigación sobre este tema tan controversial aun entre cristianos hoy en día, entonces él hacer algunas preguntas retóricas:

> ¿Qué hay de las sanidades? Cuando los cristianos oran hoy en día: ¿deben esperar que Dios sane frecuentemente de manera milagrosa? ¿Pueden algunas personas todavía tener un don de sanidad? O ¿Debemos enfatizar al orar que Dios realice la sanidad a través de los medios normales, como los doctores y la Medicina? De nuevo: ¿deberíamos animar a la gente para que viera el valor de la enfermedad, y orar para que tenga Gracia para resistir?[127]

Como se ha visto aquí, la definición de un milagro es un evento o un hecho que se considera sobrenatural o que está encima de lo humano, es decir, algo que está más allá del poder o de la competencia de los seres humanos. Dios es un Dios de milagros, y de ello existen muchas evidencias tanto en el Antiguo como en el Nuevo Testamento, de eso se estará hablando más en detalle en las secciones siguientes.

El don de milagros en el Antiguo Testamento

Los milagros están presentes a lo largo y ancho de las Escrituras. Algunos de los milagros que están mencionados en la Biblia fueron realizados única y exclusivamente mediante la iniciativa y la intervención de Dios, por ejemplo, la creación (Gn. 1:1-27); sin embargo, la mayoría fueron realizados por el intermedio de un ser humano.

El traslado de Enoc (Gn. 5:24), el diluvio (Gn. 7:17-24) y la confusión de las lenguas (Gn. 11:3-9), por ejemplo, fueron milagros hechos sin la intervención de ninguno que tuviese el don de milagros. La ceguera de los sodomitas (Gn. 19:11) fue un milagro hecho por los ángeles enviados de Dios, y en este mismo tenor se pueden observar la salificación de la esposa de Lot y la apertura del habla del asna de Balaam. Sin embargo, se puede distinguir a Moisés como el primero con el don de milagros. En los libros de Éxodo y Números se encuentran registrados los milagros que Moisés hizo mediante el poder de Dios: la vara de Moisés se convirtió en serpiente (Éx. 4:3-4, 30), el agua del río Nilo fue convertida en sangre (Éx. 7:20-25), [en general las plagas de Egipto], y luego, la apertura del Mar Rojo, etc. Luego, el don de milagros continuó en operación con Josué, con los jueces (particularmente con Sansón), y luego con los profetas. Los primeros milagros que se pueden contar con los profetas comienzan con el profeta Samuel. Más adelante, en 1 Reyes 13 se narra la historia de un profeta (cuyo nombre se desconoce) que efectuó el milagro del quebrantamiento del altar en Betel. Después de él, en 1 Reyes se puede observar a Elías con el don de milagros, en donde destacan la orden de una gran sequía y luego una milagrosa lluvia torrencial (1 Reyes 17-18); asimismo, podemos mencionar el milagro de hacer descender fuego del cielo (1 Reyes 18), etc. Elías fue un profeta caracterizado por los milagros de Dios. Luego, el don de milagros continuó con Eliseo.

El don de milagros en el Nuevo Testamento

El Nuevo Testamento es mucho más corto en extensión que el Antiguo Testamento, pero en él se narran una cantidad muy similar de milagros; sin embargo, a diferencia de los milagros del Antiguo Testamento, en el Nuevo, empezando por Jesús, los milagros son suministrados mediante el don de milagros.

El Señor Jesús efectuó muchos milagros mediante el don de milagros en conexión con el don de sanidad, es decir, las personas fueron sanadas instantáneamente y liberadas de espíritus malos; por ejemplo, el endemoniado que fue liberado en la sinagoga de Capernaum (Mc. 1:23-26), la sanidad instantánea de la suegra de Pedro (Mt. 8:14-17), el leproso sanado en Capernaum (Mt. 8:1-4), el paralítico sanado en Capernaum (Mt. 9:1-8), el cojo sanado en el estanque de Bethesda (Jn. 5:1-9), el hombre a quien su mano le fue restaurada (Mt. 12:10-13), la sanidad instantánea del siervo del centurión romano (Mt. 8:5-13), etc. Sin embargo, también Jesús efectuó otros muchos milagros sin relación con la sanidad divina, por ejemplo: la conversión del agua en vino (Jn. 2:1-11), la tempestad que fue calmada en Galilea (Mt. 8:28-34), la alimentación de los cinco mil (Mt. 14:15-21), y luego de los cuatro mil (Mt. 15.15-21), la caminata de Jesús sobre el agua (Mt. 14.15-21), la trasfiguración de Cristo (Mt. 17:1-6), etc. También algunos milagros de resurrección efectuados por Jesús están registrados en los evangelios. El don de milagros continúa en operación con los apóstoles, con Esteban, y Pablo. También se observan algunos milagros realizados por ángeles.

Pablo declara de él mismo: «Con todo, las señales de apóstol han sido hechas entre vosotros en toda paciencia, por señales, prodigios y milagros» (2 Cor. 12:12), y también: «Porque no osaría hablar sino de lo que Cristo ha hecho por medio de mí para la obediencia de los gentiles, con la palabra y con las obras, con potencia de señales y prodigios, en el poder del Espíritu de Dios» (Rom. 15:18, 19).

El don de milagros en la Iglesia de hoy

El don de milagros está presente el día de hoy, puesto que el Espíritu Santo, quien efectúa los milagros de Dios, es el mismo. Dios es un Dios de milagros, y hacer milagros es parte de su forma de operar y de relacionarse con el ser humano. La salvación misma es un milagro, la conversión de una persona al Señor, el cambio de su corazón, el perdón, es decir, la disposición y apertura para perdonar y pedir perdón (yendo en contra de la naturaleza pecaminosa del ser humano, egoísta y soberbia), son en sí milagros poderosos. No obstante, se pueden mencionar personas que han ejercido el don de milagros en los tiempos modernos.

Los hombres y mujeres de Dios a quienes Él ha dado este don dicen haber tenido experiencias sobrenaturales con Él. Algunos atestiguan haber escuchado la voz audible de Dios, otros han visto ángeles, otros han visto milagros financieros y de muchos tipos. Existen muchos libros escritos por siervos de Dios que atestiguan de milagros en sus ministerios. No obstante, lo más palpable es este respecto es que en las iglesias existen miles y miles que pueden atestiguar de uno o más milagros efectuados en sus vidas.

¿Cómo se usa el don de milagros?

En el pasado como hoy en día, el don de milagros sigue operando de manera idéntica, no ha cambiado y sigue en concordancia con las Escrituras, ya que Dios sigue siendo el mismo ayer hoy y siempre. De esa forma pensamos los continuistas. Al respecto, D. Douglas comenta en su *Nuevo Diccionario Bíblico* lo siguiente:

> Recientemente los críticos liberales han afirmado que los relatos milagrosos del Antiguo y Nuevo Testamento tienen el mismo carácter que los relatos fantásticos que se cuentan de las deidades paganas y sus profetas. Sin embargo, estas perspectivas no hacen justicia a la relación integral entre los relatos milagrosos y la autorrevelación total de Dios. Los milagros no tienen como fin la simple autenticación externa de la revelación, sino que forman parte esencial de la misma, de la que el propósito verdadero fue, y sigue siendo, el de alimentar la fe en la intervención salvífica de Dios en beneficio de los que creen. [128]

El don de milagros es muy útil para la evangelización, pues la gente ve el poder de Dios y se humilla delante del Señor. En ocasiones existe la tendencia de entender el término *milagro* en un contexto físico solamente: que se altere el orden y las leyes de la naturaleza, como p. ej. que se abra el Mar Rojo (Éxodo 14) o flote un hacha (2 Reyes 6); sin embargo, los milagros ocurren en todo tipo de situaciones, y los milagros más comunes hoy en día son los de tipo relacional, esto es, que se presente un perdón genuino, y un arrepentimiento real, que se restablezca la paz y la armonía entre aquellos que estaban en grave conflicto. Respecto a esto, Kennet Wapnich dice:

> Se produce un milagro cuando se corrigen las percepciones erróneas, es decir, cuando el individuo para de escuchar la voz del pecado, de la culpa, del miedo y del ego, para escuchar la voz del Espíritu Santo. De esta manera las relaciones impías se vuelven santas. Sin este milagro no habría forma en que el ser humano se liberara de la culpa que el ego ha enseñado al ser humano a enterrar y a retener.[129]

Norman L. Geisler aporta algo útil para un buen entendimiento de la aplicación del don de milagros. Él dice: «Si un milagro es aquello que —mediante la intervención divina— contraría las leyes naturales, es necesario entender qué es eso de «las leyes naturales». Entiéndase una *ley natural* como la forma habitual, ordenada y general en que opera el mundo. Por tanto, un milagro es una manera inusual, irregular y específica en la que Dios actúa en el mundo». [130]

Realmente que una persona pare de escuchar las voces del pecado, del miedo, de la culpa, etc., es algo que solo Dios puede hacer. Los psicólogos ofrecen cierta esperanza, pero casi siempre fallan; por tanto, este tipo de milagros es la confirmación genuina del mover de Dios.

Conclusión del capítulo X

Se puede decir que el don de milagros es uno de los dones más importantes para establecer la veracidad del evangelio. La mayoría de los que ahora sirven al Señor en las iglesias fueron salvos mediante un milagro, es por ello que el don de milagros es tan importante. En este capítulo he estado mostrando algunas definiciones del don de milagros, y que esta palabra engloba un concepto muy amplio, es decir, que existe muchos tipos de milagros. La salvación misma es un milagro de Dios, el perdón y la restauración de una persona son también ejemplos de los tipos de milagros que existen.

El don de milagros está en operación hoy, pero es necesaria la fe. Cada persona que necesita un milagro de Dios debe creer que Dios lo hará, que Él es el mismo y que no cambia. En la Biblia se pueden ver que los milagros son parte importante de las manifestaciones de Dios y de su trato con el ser humano. Pablo escribe que los dones espirituales eran una parte normal de la vida de Iglesia (Rom. 12:6-8, Ef. 4:11 y 1 Cor. 12:7-11), por tanto, la iglesia debe siempre tener fe en su operación hoy.

Referencias:

[123] El término *epexegético* se refiere a una frase o palabra que explica o aclara más a fondo otra.

[124] Vine, 65.

[125] Ibid, 118.

[126] Logos Bible Sofware, *Lexham Bible Dictionary*, Biblia by Logos [version en línea] https://biblia.com/books/esv/Jn.

[127] Grudem, 17.

[128] J.D. Douglas, *Nuevo diccionario bíblico* (Miami, FL: Sociedades Bíblicas Unidas, 2000), 2116.

[129] Kenneth Wapnick, *Glossary-index for a course in miracles* (Roscoe, NY: Foundation for "A Course in Miracles", 1993), 12.

[130] Norman L. Gesler, *Miracles and the modern mind: a defense of biblical miracles* (Grand Rapids, MI: Baker Book House, 1992), 12, 14.

XI. EL DON DE PROFECÍA

La profecía es mencionada constantemente en las Escrituras, de ello su gran importancia. El primero que es declarado profeta, según la declaración de Dios mismo, es Abraham, pues Él, al hablar en sueños a Abimelec le dijo: «...Ahora, pues, devuelve la mujer a su marido; porque es profeta, y orará por ti, y vivirás. Y si no la devolvieres, sabe que de cierto morirás tú, y todos los tuyos» (Gn. 20:7).

En el versículo referido de Génesis 20:7 es utilizada la palabra hebrea nāḇî', la cual quiere decir *vocero, portavoz, hombre inspirado*. El don de profecía es uno de los nueve dones del Espíritu mencionado en 1 Corintios 12:10. La profecía es tan importante en la vida cristiana y para la iglesia, que Pablo dedica un capítulo entero —1 Corintios 14—, para animar a los corintios (y a la iglesia de todos los tiempos) a que busquen este don y profeticen.

Cuando Pablo diserta respecto al don de profecía en 1 Corintios 14 menciona el propósito de la ella: «Pero el que profetiza habla a los hombres para edificación, exhortación y consolación» (1 Cor. 14:3). Por tanto, en términos simples, el don de profecía consiste en escuchar la voz de Dios y hablar lo que se ha escuchado con el fin de edificar, exhortar y consolar a otros.

En este capítulo estaré hablando del don profecía. Cuáles son algunas de sus definiciones, cómo es que se usa y pone en práctica, y brindaré algunos ejemplos de su presencia en el Antiguo Testamento, y algunos más en el Nuevo. También haré la exégesis de algunos pasajes, a fin de entender mejor de lo que se trata; y finalmente, hablaré de la presencia de este don en la Iglesia de hoy. Iniciemos definiendo qué es el don de profecía.

¿Qué es el don de profecía?

En primer lugar, es necesario definir y explicar qué significa la palabra *profecía* desde el punto de vista bíblico. En su diccionario, Vine dice: «La palabra griega *profeteia* (προφητεία, Strong 4394) significa la proclamación de la mente y el consejo de Dios (pro, delante; femi, hablar). En el NT esta palabra se utiliza de dos maneras: (a) respecto al don [...] y (b) respecto al ejercicio del don, o de aquello que es profetizado...».[131]

El don de profecía, mencionado en la Biblia, es una habilidad dada por Dios a ciertos individuos para recibir y transmitir mensajes divinos. La profecía consiste en la trasmisión de revelaciones, advertencias, instrucciones o palabras de aliento de parte de Dios, y a aquellos que tienen este don se les llama, profetas o profetisas.

La profecía es tan solo una parte de la mente de Dios, desde luego que no es su totalidad, pues dice la Biblia en 1 Corintios 13:9 «Porque en parte conocemos, y en parte profetizamos». También Pablo hace notar que es el mejor don de los que se mencionan. 1 Corintios 14:1, 5, 39 dice: «Seguid el amor; y anhelad los dones espirituales, Pero, sobre todo, que profeticéis. Así que, yo quisiera que todos vosotros hablaseis en lenguas, pero más que profetizaseis; porque mayor es el que profetiza que el que habla en lenguas, a no ser que las interprete para que la iglesia reciba edificación».

Asimismo, el *Diccionario Bíblico Mundo Hispano* dice: «Una profecía puede referirse tanto a algo inmediato como a algo en el futuro lejano. Una predicción que se cumpla en vida del profeta, o poco después, podría señalar a un cumplimiento futuro en la vida, muerte, resurrección y segunda venida de Cristo».[132]

El don de profecía en el Antiguo Testamento

El don de profecía estuvo presente en los profetas del AT; sin embargo, no todos aquellos que ejercieron este don en el Antiguo Testamento se pueden describir en forma general con el oficio de profetas, aunque en algún momento de su vida (según algún dato específico en las Escrituras) hicieron uso del don de profecía. La primera mención de algún individuo ejerciendo el don de profecía en el Antiguo Testamento es Abraham (Gn. 20:7), no obstante, Jesús dijo que Abel fue el primer profeta: «para que se demande de esta generación la sangre de todos los profetas que se ha derramado desde la fundación del mundo, desde la sangre de Abel hasta la sangre de Zacarías, que murió entre el altar y el templo» (Lucas 11:50-51).

Cuando José contó sus sueños a sus hermanos y a su padre en Génesis 37:5-11 él estaba actuando mediante el don de profecía, pues estaba hablando las palabras de Dios respecto a acontecimientos futuros. Se dice también en la Biblia que Moisés fue profeta de Dios (Dt. 18:15, 34:10; Lc. 24.27; Hch. 3:22), pero Aarón también actuó mediante el don de profecía (Ex. 7:2), y Miriam, hermana de ambos es llamada profetisa en Éxodo 15:20. Josué no es etiquetado como profeta, pero se pueden observar varias ocasiones ejerciendo el don de profecía (p. ej. en Josué 17:17-18). Samuel es el primero que es considerado en la Biblia con el oficio específico de profeta (p. ej. 1 Sam. 3:20); pero también Saúl actuó en el don de profecía en dos ocasiones (1 Sam. 10:11; 19:24). De David, Pedro, inspirado por el Espíritu, dijo de él que era profeta (Hch. 2:29-32). Desde luego, se mencionan los profetas que tenían el oficio de profeta, y de la mayoría se tienen sus escritos, aunque dos de los más grandes profetas del AT, Elías y Eliseo, no fueron profetas escritores.

El don de profecía en el Nuevo Testamento

En el Nuevo Testamento se puede ver el ejercicio del don de profecía primero con María, quien habló mediante el don de profecía en Lucas 1:46-56; luego con Zacarías, quien «fue lleno del Espíritu Santo, y profetizó» (Lc. 1:67). También se menciona a una mujer anciana llamada Ana, de quien dice la Biblia que era profetiza (Lc. 2:36-38). Juan el Bautista es considerado el último de los profetas de oficio del antiguo pacto, quien fue lleno con el Espíritu Santo desde el vientre de su madre (Lc. 1:15). También dice la Biblia que el profeta Jeremías fue llamado desde el vientre (Jer. 1:15), aunque de ninguno se dice que fuese lleno con el Espíritu desde el vientre sino Juan el Bautista. A Jesús se le atribuye el título de profeta al menos en veinte ocasiones (p. ej. en Mt. 21:11; Lc. 24:19, Mc. 6:4; Lc. 4:24, etc.).

En el libro de Hechos, en el inicio de la era de la Iglesia, se mencionan varios profetas: Bernabé, Simón, Lucio, Manaén y Saulo (Hch. 13:1), pero también Judas y Silas en Hechos 15:32. También se menciona a Agabo como uno que ejercía el don de profecía (Hch. 11:28; 21:10), y las cuatro hijas de Felipe el evangelista, de quien Lucas dice que profetizaban (Hch. 21.8-9). De entre los apóstoles, quien ejerció con mayor énfasis el don de profecía fue el apóstol Juan, pues él escribió el libro de Apocalipsis.

El don de profecía en la Iglesia de hoy

El modelo del uso del don de profecía para la Iglesia de hoy está bien definido en la Biblia. Respecto a esto, Deiros dice:

> Hay casos en la Biblia que las revelaciones sobrenaturales [como lo que se ha dicho ya del don de ciencia] son consideradas como revelación profética. Por ejemplo, la revelación a Natán del pecado de David con Betsabé fue considerado como una profecía (2 Sam. 12:1-12); los planes de batalla de los sirios que fueron revelados a Eliseo en 2 Reyes 6:8-12, también se considera como profecía; y la interpretación de Daniel del sueño de Nabucodonosor. Respecto al Nuevo Testamento, Deiros dice que la profecía está presente en muchas ocasiones, usado por varios apóstoles, y atinadamente menciona que Timoteo fue llamado al ministerio mediante el don de profecía (1 Ti. 4:14). [133]

El don de profecía es un don que muchos han presumido tener, sin tenerlo, por tanto, es sumamente importante saber identificarlo en la iglesia de hoy. James W. Goll enlista nueve preguntas para discernir si una profecía es de Dios o no, (esta lista está basada en la lista de Derek Prince en su libro *How to Judge Prophecy*):

1. ¿La revelación edifica, exhorta o consuela?
2. ¿Está de acuerdo con la Palabra escrita de Dios?
3. ¿Exalta a Jesucristo?
4. ¿Da buenos frutos? ¿El personaje del profeta da buenos frutos?
5. Si predice un evento futuro, ¿se cumple?
6. ¿La palabra profética dirige a las personas hacia Dios o lo alejan de Él?
7. ¿Produce libertad o esclavitud?
8. ¿Produce vida o trae la muerte?
9. ¿El Espíritu Santo da testimonio de que es verdad?

¿Cómo se usa el don de profecía?

El don de profecía se sigue usando idénticamente como se usaba en los tiempos bíblicos ya que el Espíritu Santo sigue siendo el mismo ayer hoy y siempre, y Él no ha cambiado sus métodos, no existen bases bíblicas para afirmar algo distinto a esto. Desde luego, para que este don pueda ponerse en práctica se necesita fe. El profeta debe tener fe que Dios hablará mediante él o ella, y el receptor tiene que tener fe en que Dios está hablando mediante el profeta o profetisa. Ambos deben creer en el poder y en la bondad de Dios para con los seres humanos; creer que todas las cosas son posibles para Dios.

Como puede observarse en las Escrituras, el don de profecía se usa en varios sentidos. Se usa para proclamar las palabras de Dios de manera general; sin embargo, específicamente pueden ser palabras que bien pueden predecir el futuro, pero también exponer el pecado del pueblo, llamándolo a corregir el rumbo, al arrepentimiento y a la obediencia. Una profecía puede ser para un cumplimiento inmediato o casi inmediato, pero también, como en el caso de Apocalipsis, para un futuro lejano. No obstante, el don de profecía, como todos los dones, se identifica por estar ligado a lo sobrenatural, es decir, las personas pueden percibir que la palabra dada es palabra de Dios o que el cumplimiento de esta profecía confirma que era de parte de Dios. Es frecuente que este don de use en conjunto con el don de ciencia, pues la profecía puede incluir datos que estaban ocultos o bien, que únicamente el receptor los conocía.

Conclusión del capítulo XI

El don de profecía es un don muy importante, este es el único don del cual dice Pablo que se debe anhelar (1 Cor. 14:1, 39). El don de profecía se opera cuando el Espíritu Santo viene sobre un profeta y le mueve a hablar de parte de Dios. El profeta debe tener suficiente preparación espiritual y cercanía con Dios para que pueda dejarse usar por el Señor, considerando que Dios no manipula a nadie, ni lo obliga a nada, es decir, Dios y él o ella deben trabajar en total cooperación. Mientras tanto, los que escuchan la profecía deben considerar las palabras del profeta, si coinciden con las Escrituras, si se pronuncian en el orden de Dios y si las profecías respecto a algo futuro tienen cumplimiento. En ocasiones el profeta puede hablar algo de su propia mente en vez de decir lo que el Espíritu quiere. Por último, es importante mencionar que es tan importante el don de profecía que existe, dentro de los cinco ministerios mencionados por Pablo como principales, el ministerio profético. Es evidente que para ejercer el ministerio profético es indispensable el ejercicio del don de profecía; no obstante, se entiende que el ministerio profético es algo más amplio que el mero ejercicio del don de profecía.

Referencias:

[131] W.E. Vine, Terry Kulakowski (Ed.) *Vines Expository Dictionary of New Testament Words Vol. 2* (Zeeland, MI: Reformed Church Publications, 2015), 257-258.

[132] J.D. Douglas, Merrill C. Tenney, James Bartley y Rubén O Zorzoli (Eds), *Diccionario Bíblico Mundo Hispano* (El Paso, TX: Editorial Mundo Hispano, 1997) 8.

[133] Deiros, *dones y ministerios*, 162.

[134] James W. Goll, *The lifestyle of a prophet: A 21-day journey to embracing your calling* (Ada, MI: Chosen Books [Baker Publishing Group], 2013), 117.

XII. EL DON DE DISCERNIMIENTO DE ESPÍRITUS

En este capítulo hablaré del don de discernimiento de espíritus, el cual opera en la iglesia de hoy para ayudar al cristiano a separar lo bueno de lo malo, lo verdadero de lo falso. Este don, junto con el don de sabiduría y el don de ciencia, es un don que *revela* la verdad de algo, y en este caso, este don revela el espíritu que está detrás de una palabra o una acción, es decir, revela la fuente de donde proviene. Este, como todos los nueve dones del Espíritu, es ejercido de manera sobrenatural, es decir, no se puede ejercer con los sentidos naturales ni con la inteligencia natural sino por el Espíritu. Este don da al creyente en Cristo una clara percepción del mundo espiritual a fin de distinguir de qué espíritu se trata: 1) Si del Espíritu Santo, 2) Si de espíritus angelicales (los de Dios o los de satanás), o bien, 3) de los espíritus humanos.

¿Qué es el don de discernimiento de espíritus?

La palabra griega traducida en español como *discernimiento* es *ediakrisis*, la cual significa *distinguir* y *juzgar*, se refiere a una estimación judicial. Otros significados para esta palabra incluyen *diferenciar* y *percibir*. Así pues, este don es un «catalizador» de los espíritus, a fin de conocer la fuente y de esta manera rechazarlos o aceptarlos.

Deiros, en su *Diccionario Hispano de la Misión* dice: «El don de discernimiento de espíritus es una cualidad o poder que otorga el Espíritu para ver, captar o comprender aquello que está oscuro, o percibir lo que no podría ser evidente de forma natural. Su objetivo es identificar la presencia o la ausencia de Dios en determinada actividad humana».[135] Asimismo, continuando con la misma idea, Deiros agrega: «El don de discernimiento de espíritus es preciso, selectivo, penetrante y sabio, y los espíritus deben ser evaluados o sopesados según el principio del evangelio (Mt. 7:16). Este don identifica la presencia o la ausencia del Espíritu Santo».[136]

El don de discernimiento de espíritus en el Antiguo Testamento

El don de discernimiento de espíritus fue dado a Salomón para distinguir entre lo correcto y lo equivocado. 1 Reyes 3:9 dice que él pidió precisamente eso: «Da, pues, a tu siervo corazón entendido para juzgar a tu pueblo, y para discernir entre lo bueno y lo malo; porque ¿quién podrá gobernar este tu pueblo tan grande?».

En Éxodo 7:10-12 se narra cómo los sabios y hechiceros trataron de competir con Moisés. En ciertos casos, estos siervos de Faraón pudieron hacer cosas similares a las que Moisés hacía; sin embargo, lo que ellos hacían lo hacían mediante un poder diabólico. Se deduce con esta historia la gran importancia de este don, pues no toda manifestación sobrenatural será del Espíritu. En 2 Reyes 4:9 está presente este don cuando la sunamita pudo discernir que Elías era un profeta santo de Dios. El profeta Micaías (1 Reyes 22:19-23), pudo discernir el espíritu de mentira que había en el campamento Israelita, en los profetas pagados por el malvado rey Acab.

En Jeremías 23:16-22 el profeta Jeremías ejerció el don de discernimiento de espíritus cuando entendió el mensaje de los falsos profetas que profetizaban paz y seguridad al pueblo, y victoria sobre los babilonios.

El don de discernimiento de espíritus en el Nuevo Testamento

En Juan 1:32-34, Juan el Bautista vio una paloma descender sobre la persona de Cristo. No había manera en que el Bautista pudiera saber que esa paloma se trataba de una representación del Espíritu Santo; sin embargo, haciendo uso del don de discernimiento de espíritus, a Juan el Bautista le fue revelada esta verdad.

En Hechos 2:1-4 los discípulos estaban sentados orando, cuando vino a ellos como un viento recio que llenó toda la casa. Lo que siguió después es que ellos empezaron a hablar en otras lenguas. Los que se dieron cuenta de este suceso y vinieron a ver lo que estaba realmente pasando, pensaban que los discípulos estaban ebrios, sin embargo, Pedro, haciendo uso del don de discernimiento de espíritus, atestiguó que se trataba del Espíritu Santo.

En Juan 1:45-49 Jesús hizo uso del don de discernimiento de espíritus para discernir respecto al espíritu humano de Natanael. Él dijo: «He aquí un verdadero israelita, en quien no hay engaño».

Otro caso en el Nuevo Testamento del ejercicio de este don es el caso de Pedro con Simón el mago en Hechos 8:17-24. Él discernió lo que había en el corazón de Simón, y aunque Simón ya se había bautizado y creía en Cristo, Pedro discernió el espíritu de que se trataba, no era un espíritu malo sino el espíritu del ser humano de Simón.

Asimismo, Pedro y Juan pudieron discernir el espíritu de fe que había en el cojo que estaba sentado a la puerta La hermosa en Hechos 3:1-10. La Biblia dice: «Pedro, con Juan, fijando en él los ojos, le dijo: Míranos». Esa miraba era para discernir si ese cojo tendría la fe para ser sano.

El don de discernimiento de espíritu fue ejercido por el Señor Jesús al dar a conocer, respecto a la mujer encorvada, que se trataba de un espíritu malo. Caso similar fue el de Pablo con la muchacha que adivinaba en Hechos 16:16-18.

El don de discernimiento de espíritus en la Iglesia de hoy

La presencia de espíritus malos puede ser percibida por aquel a quien Dios ha dado el don de discernimiento de espíritus cuando él o ella nota una atmósfera pesada y de opresión. Cuando existe un ambiente de confusión, de tristeza, de soledad, etc., se puede percibir la presencia de un espíritu malo. También cuando hay ideas de destrucción, de pleito, de disensión, de suicidio, de temor, y de deseo sexual desordenado (por mencionar algunos ejemplos), y todo esto sin ninguna razón (humanamente hablando). También ese don tiene la capacidad de exponer las intenciones de los corazones y los planes malévolos del enemigo.

La Biblia dice que el cristiano no tiene lucha contra sangre y carne sino contra principados y potestades (Efesios 6:12), y también dice que el diablo se presenta como un ángel de luz (2 Corintios 11:14). La tarea de la Iglesia del Señor es tener una visión espiritual correcta para poder entender cuál es la voluntad de Dios y de qué manera orar e interceder. Existen hoy en día muchas fuerzas demoniacas y el don de discernimiento de espíritus es importantísimo para obtener victoria en las luchas espirituales. El don de discernimiento de espíritus es usado en la Iglesia de hoy para conocer la voluntad de Dios, para desenmascarar el engaño, para proteger la fe de los creyentes, para distinguir la verdad del error, para proclamar el evangelio libre de falsa doctrina, y para ayudar a los creyentes a crecer en la fe. El don de discernimiento de espíritus es, como todos los dones del Espíritu, algo sobrenatural y que no obedece a la simple lógica y designios humanos.

¿Cómo se usa el don de discernimiento de espíritus?

Richard Taylor, en su artículo titulado «Discernimiento», dentro del *Diccionario Teológico Beacon*, expresa lo que él piensa respecto a cómo opera el don de discernimiento de espíritus. Richard Taylor dice:

> El término *espíritus* puede referirse a distintas disposiciones de ánimo o atmósfera, a influencias sobrenaturales o quizá a ambos. Una atmósfera, puede estar compuesta por espíritus malos, aunque las personas involucradas atribuyan al Espíritu Santo los distintos movimientos psíquicos o espirituales. Por otro lado, el espíritu humano podría ser la única fuente o al menos la principal. Así pues, el don de discernimiento de espíritus permite percibir la verdad detrás de las declaraciones verbales y los fenómenos que se presenten, que pueden ser psíquicos.[137]

También Oscar Reed dice: «El don de discernimiento de espíritus ha sido dado como un suplemento y correctivo del don de profecía. En una sociedad, con sus tensiones y aberraciones, es importante tener este don en el cuerpo de Cristo, para discernir entre lo que es genuino de lo falso».[138]

Respecto a estos comentarios, los de Taylor y Reed, se puede decir que el don de discernimiento de espíritus es dado por el Espíritu como Él quiere para poder entender o saber cuándo una persona, lugar o cosa está siendo usado por un espíritu maligno o bien si se trata del Espíritu Santo, de un espíritu bueno o de Dios, o simplemente del espíritu de un ser humano. Ese don ayuda a la Iglesia a clarificar sin ninguna sombra de duda lo que el Espíritu Santo quiere que esta sepa respecto al mundo espiritual.

Conclusión del capítulo XII

Como se ha podido demostrar en este capítulo, el don de discernimiento de espíritus ha sido dado por Dios a sus siervos para poder distinguir el ambiente espiritual en cierta circunstancia, lugar o persona. Este don actúa como un calibrador, para discernir lo bueno y lo malo y establecer el orden de Dios. En un mundo como en el que vive la Iglesia hoy, este es un don bastante valioso e importante que se debe pedir y fomentar.

En este capítulo he realizado un análisis del don de discernimiento de espíritus y he incluido las opiniones de varios autores sobre el tema a fin de llegar a una conclusión acertada. De ello podemos así concluir que este don es útil para tener una dirección acertada respecto a la naturaleza del mundo espiritual y para luchar espiritualmente con plena certeza

Referencias:

[135] Pablo A. Deiros, *Diccionario Hispano Americano de la Misión* (Miami, FL: Unilit, 1997), Ed. elect. *Logos Research System*, 96. https://www.calameo.com/read/000908450d5bd59fd27d2.

[136] Ibid.

[137] J.K. Grider, W.H. Taylor, y E.R. González (Eds), *Diccionario Teológico Beacon* (Lexena, KS: Casa Nazarena de Publicaciones, 2009), 216.

[138] Oscar F. Reed, *Beacon Bible Expositions: The New Testament in Twelve Volumes, Vol. 7* (Kansas City, MI: Beacon Hill Press of Kansas City, 1976), 136.

XIII. EL DON DE DIVERSOS GÉNEROS DE LENGUAS

El don de diversos géneros de lenguas, conocido también como el don de lenguas o don de idiomas, está mencionado en el Nuevo Testamento como uno de los dones del Espíritu Santo dado a los creyentes. Este don se refiere a la capacidad sobrenatural de hablar u orar en lenguajes desconocidos o en idiomas celestiales sin haberlos aprendido previamente. Este don se recibe en el momento en que una persona es bautizada con el Espíritu Santo, luego de haber aceptado al Señor Jesucristo como su Salvador personal. Aunque las lenguas son dadas a todos los que son bautizados en el Espíritu Santo, el don de lenguas, particularmente, tiene la función de comunicar un mensaje de Dios a la Iglesia o a un individuo en particular, y trabaja en conjunto con el don de interpretación, por tanto, debe tener un intérprete, ya sea él o ella mismo (a) u otra persona

Algunos cristianos a través de la historia han menospreciado este don y lo consideran de poco valor; no obstante, este es el único don al que la Biblia dedica un capítulo entero (1 Corintios 14). Pablo no habla a detalle de ningún otro don si no de este, y no existe base bíblica para considerarlo inferior o carente de importancia. Antes bien, es digno de ser tratado como uno de los dones que más debe presentarse y existir en la Iglesia.

Una de las principales razones por las que este don ha sido menospreciado se debe a que es enfatizado por los pentecostales, y esta rama del cristianismo ha sido históricamente atacada por las demás denominaciones protestantes. Incluso, este don ha sido refutado al grado de ser considerarlo como algo o que no es de Dios, o que es *adverso* a Dios. No obstante, no existe ni base bíblica ni empírica para tales afirmaciones.

Como todos los demás dones del Espíritu, el don de lenguas es útil y necesario en el cuerpo de Cristo; está vigente, y es otorgado por Dios para nutrir y solidificar la Iglesia. Pero claro, es otorgado por fe y es mantenido por la fe (tal como sucede con los demás dones del Espíritu Santo). En este capítulo estaré cubriendo algunos aspectos importantes de este don.

¿Qué es el don de diversos géneros de lenguas?

En el Nuevo Testamento, y en el libro de los Hechos en específico, se narra el primer derramamiento del Espíritu Santo sobre los 120 que se encontraban reunidos en el aposento alto, esperando la promesa del Padre. Ellos eran discípulos de Jesús, pero necesitaban el poder de Dios para llevar el mensaje del evangelio a todo el mundo. Dice la Biblia que cuando ellos fueron bautizados en el Espíritu Santo comenzaron a hablar en otras lenguas, en idiomas desconocidos para ellos; y cuando esto sucedió, los curiosos que fueron atraídos, los cuales eran de al menos de trece diferentes lugares/naciones, pudieron entender en su propio lenguaje lo que ellos decían en lenguas, y se maravillaron, pues los escuchaban hablar las maravillas de Dios (Hch. 2:1-13).

Fricke R. Sánchez, al comentar sobre este tema, dice que es significativo que inmediatamente después de que Pablo escribiera sobre los dones espirituales, hablara de la preminencia del amor; él dice que este orden es importante para una adecuada comprensión del tema. Sánchez, refiere a F.F. Bruce quién dice: «La marca principal de la presencia del Espíritu, la evidencia imprescindible de la verdadera espiritualidad de una persona, no es la glosolalia, sino el amor».[139] También define la palabra *glosolalia*; Bruce dice: «Es una transliteración de dos palabras griegas que significan "hablar en lenguas". Las lenguas de las que se habla en 1 Corintios no son las mismas que las habladas en Pentecostés (Hch. 2), pues se observa que en Hechos 2 son lenguas con uso milagroso, mientras que en las de 1 Corintios son lenguas extáticas».[140]

Mark Taylor hace referencia al comentario de Christopher Forbes,[141] quien enumera cinco puntos de vista respecto a las lenguas:

(a) Pablo, como Lucas, pensaron en la glosolalia como una habilidad milagrosa para hablar lenguajes humanos no aprendidos; (b) Pablo pensaba en la glosolalia como una habilidad milagrosa de lenguajes angélicos o celestiales, (c) Pablo pensaba en la glosolalia como alguna combinación de (a) y (b). (d) Pablo pensaba en la glosolalia como una especie de forma sub- o prelingüística de hablar o posiblemente una especie de pronunciación codificada, o análoga, aunque no idéntica al habla. En el último caso, sería articulada, aunque en términos modernos, sería no-lingüística... (e) Pablo pensaba en la glosolalia como una forma idiosincrática de lenguaje, una especia de dialecto para orar [...].[142]

Podríamos decir que las lenguas es una forma particular de hablar «según da el Espíritu», y no necesariamente un lenguaje en particular (aunque podría serlo, y ha sido en gran número de ocasiones, desde aquel paradigmático día del Pentecostés narrado en Hechos 2). Es un lenguaje misterioso —y muchas veces extático— impulsado y promovido por el Espíritu, pero dominado asimismo por quien habla. Por eso es que *las lenguas* es un don tan especial.

Dios quiso que las lenguas fueran parte de la vida cotidiana de los creyentes, y que todos adquirieran este don. Por tanto, a diferencia de otros dones, el don de lenguas es un don generalizado a todos los creyentes. El capítulo 14 de 1 Corintios —analizado desde una perspectiva neutral objetiva, podríamos decir—, es la evidencia de que todos los miembros de la iglesia de Corinto hablaban en lenguas, y que Pablo siempre fue su máximo promotor: «Así que, quisiera que todos vosotros hablaseis en lenguas...» (1 Cor. 14:5), y luego, Pablo mismo dice: «Doy gracias a Dios que hablo en lenguas más que todos vosotros» (1 Cor. 14:18).

Opositores a la glosolalia y al don de lenguas

El don de lenguas es el don que ha sido más atacado. Los cesacionistas articulan varios argumentos que desvirtúan que exista y sea válido el don de lenguas y el hablar en lenguas desde el tiempo en que murió el último de los apóstoles. En esta sección veremos algunos de estos argumentos y daré respuesta a ellos.

Los oponentes de la glosolalia dicen que existen manuscritos antiguos y confiables en donde no se incluyen los versículos 9 al 20 de Marcos 16, y marcan el versículo 8 como el final del capítulo. En Marcos 16:17 dice: «Y estas señales seguirán a los que creen: En mi nombre echarán fuera demonios; hablarán nuevas lenguas». Sin embargo, los oponentes a la glosolalia niegan que este versículo sea realmente parte de las Escrituras.

Sin embargo, existen suficientes pruebas para afirmar que estos versículos son parte de las Escrituras. Por ejemplo, James Snapp Jr comenta: «Los escritos de Taciano (170 d.C.) e Ireneo de Lyon (180 d.C.) dan credibilidad a estos versículos. Justino Mártir (150 d.C.) hace una referencia a Marcos 16:20, lo que hace suponer que el pasaje estaba incluido en el capítulo. Las traducciones tempranas de este pasaje al latín y al siríaco (150-300 d.C.) también son evidencias».[143] El Text & Canon Institute de Phoenix Seminary (el cual auspicia el artículo de la referencia) ofrece este y muchos otros argumentos.

Los opositores de las lenguas dicen que estas tuvieron un propósito meramente evangelístico. Sin embargo, este argumento ignora que el concepto de orar en lenguas, es un concepto del cual, dice el apóstol Pablo, se refiere a hablar a Dios y no a los hombres. Este tipo de oración es para la devoción privada del creyente (1 Cor. 14:2; 1 Cor. 14:14; Rom. 8:26-27).

Los opositores de las lenguas dicen que estas sirvieron únicamente como «una señal para los incrédulos». Sin embargo, esta idea ignora lo que Pablo enseñó respecto a orar en el espíritu, (incluso también el Apóstol habla de cantar en el espíritu) [1 Cor. 14:14-17].

Los opositores de las lenguas dicen que las lenguas han pasado porque existen en este tiempo las Escrituras, y esto da cumplimiento al versículo que dice: «El amor nunca deja de ser; pero las profecías se acabarán, y cesarán las lenguas, y la ciencia acabará. Porque en parte conocemos, y en parte profetizamos; mas cuando venga lo perfecto, entonces lo que es en parte se acabará» (1 Cor. 13:8-10). No obstante, es evidente que este «estado perfecto» no se refiere a que se terminará el canon de las Escrituras, sino al retorno de Jesús. Incluso este argumento sirve para validar que las lenguas continuarían hasta el retorno de Cristo. No existe ninguna base ni bíblica ni racional para concluir que este «estado perfecto» sea la conclusión del canon bíblico. Por cierto, este mismo versículo dice que la ciencia acabará, ¿se terminó la ciencia cuando el canon de las Escrituras se hubo completado?

Uno de los mayores opositores de la glosolalia es el pastor bautista cesacionista John McArthur, él dice:

> Cualquier afirmación de la moderna glosolalia, aun si es relegada solo a la oración en privado, anima a los creyentes a buscar una intimidad espiritual más profunda con Dios por medio de experiencias místicas, confusas e incluso sin sentido. Esta es una práctica peligrosa para los creyentes, que están llamados a renovar sus mentes, no pasar por alto sus facultades intelectuales, ni someter la razón a la emoción cruda.[144]

Mientras tanto, el también bautista Wayne Grudem tiene una posición más moderada al decir: «El Nuevo Testamento no enseña explícitamente el cese de ciertos dones en un punto determinado de la experiencia de la Iglesia. Por lo tanto, es imposible decir desde el punto de vista bíblico que ciertos dones no pueden ocurrir en cualquier momento según la voluntad soberana de Dios».[145] Así que Grudem tiene una posición más moderada respecto a las lenguas y abre la puerta a su posibilidad, aunque no las endosa totalmente, mientras que John McArthur las descarta y condena.

El don de diversos géneros de lenguas en el Nuevo Testamento

Los grandes hombres y mujeres de la Biblia, al menos todos los del Nuevo Testamento, fueron hombres y mujeres bautizados en el Espíritu Santo que hablaban en lenguas, los cuáles, se podría decir, recibieron el bautismo en el Espíritu inmediatamente (o casi inmediatamente) después de su conversión. Y no se tienen mucho de esto en el Antiguo Testamento porque este don estaba reservado para la era del nuevo pacto, el pacto de la sangre de Cristo. El profeta Joel lo profetizó: «Y después de esto derramaré mi Espíritu sobre toda carne, y profetizarán vuestros hijos y vuestras hijas; vuestros ancianos soñarán sueños, y vuestros jóvenes verán visiones» (Joel 2:28). Esta profecía empezó a cumplirse en el día de pentecostés donde 120 discípulos de Jesús estaban orando, y esperando la promesa del Padre (Lc. 24:49).

En Génesis 11 se puede observar cómo fue Dios quien creó los lenguajes humanos, y esto se puede también considerar como una preparación para el ejercicio de las lenguas dadas por el Espíritu miles de años después. Por otro lado, el profeta Isaías profetizó: «Porque en lengua de tartamudos, y en extraña lengua hablará a este pueblo» (Isaías 28:11). ¿Cuál era esa lengua extraña? ¿A qué pueblo se estaba refiriendo? El apóstol Pablo —en 1 Corintios 14:21—, al hablar de tema de las lenguas, hace referencia a este versículo, donde dice: «En la ley está escrito: En otras lenguas y con otros labios hablaré a este pueblo; y ni aún así me oirán». Por tanto, está claro que este pasaje de Isaías se refiere a las lenguas del Espíritu Santo o don de lenguas.

Las lenguas se mencionan en los siguientes pasajes del Nuevo Testamento: Marcos 16:17; Hechos 2:3-4; 10:46, 19:6; 1 Corintios 12:7-10, 12:28,30, 13:1,8, 14:1-39.

El don de diversos géneros de lenguas en la Iglesia de hoy

El don de diversos géneros de lenguas es utilizado en la Iglesia de hoy mayormente entre los grupos y denominaciones pentecostales. El apóstol Pablo estableció en 1 Corintios 14 las pautas para el ejercicio de este don en combinación con el don de interpretación de lenguas. No siempre se respetan estas pautas; sin embargo, muchos de los pentecostales las enseñan en sus congregaciones.

Los pentecostales en particular promueven el bautismo en el Espíritu Santo y los llamados *pentecostales clásicos* promueven las lenguas como evidencia inicial del bautismo en el Espíritu Santo y el ejercicio del don de lenguas. No obstante, entre otros pentecostales, y entre los llamados *carismáticos*, no todos están de acuerdo en que las lenguas sean para todos los creyentes ni que sean estrictamente la evidencia del bautismo en el Espíritu Santo, es decir, ellos creen que es posible ser bautizado en el Espíritu Santo sin necesidad de hablar en otras lenguas. Las Asambleas de Dios ha establecido en sus verdades fundamentales que las lenguas son la evidencia del bautismo, y declara en relación con el don de lenguas: «El hablar en lenguas en este caso [en el caso del bautismo] es esencialmente lo mismo que el don de lenguas, pero es diferente en propósito y uso».[146] Asimismo, en su libro, Eliud A. Montoya dice: «Cuando una persona recibe las lenguas del Señor como evidencia de su bautismo, ahora podrá orar a Dios en el Espíritu y tendrá derecho a lo que el pasaje de Romanos dice: que el Espíritu Santo nos ayuda en nuestra debilidad».[147]

¿Cómo se usa el don de diversos de lenguas?

He venido diciendo que el don de lenguas (aunque las lenguas que se hablan sean las mismas que las de la señal física inicial del bautismo en el Espíritu Santo), sirve para la edificación de la Iglesia. En otras palabras, las lenguas que se reciben con el bautismo en el Espíritu Santo son para uso personal, y como una herramienta poderosa de oración, como una manera para comunicarse con Dios íntima y profundamente para la edificación personal; mientras que las lenguas que se usan en el don de lenguas son para fines de edificación, exhortación y consolación de la Iglesia. El don de lenguas es el único don que requiere estrictamente de otro don (cuando se hablan en la Iglesia): el don de interpretación de lenguas, y en tal caso tienen una función similar al don de profecía.

Ahora bien, cabe aquí una pregunta: ¿Por qué Dios ha querido usar el don de lenguas para hablarnos? ¿Por qué no usar simplemente el lenguaje vernáculo, el que todos los oyentes conocen? Una respuesta a esta pregunta es que Dios ha querido validar en la Iglesia el uso de las lenguas, es decir, que las lenguas están vigentes en la Iglesia bajo la dispensación de la gracia. Asimismo, el uso del don de lenguas recuerda a los que han sido bautizados en el Espíritu Santo que deben continuar ejercitando este don de Dios en su oración privada.

Nótese que la idea de la interpretación (gr. *hermēneiaes*) dada también por el Espíritu —y este es otro don que se verá más adelante—, no es de *traducción*. Por tanto, se podría decir que, si el don de lenguas necesita el complemento del don de interpretación, entonces las lenguas del don de lenguas necesitan ser (mayormente) glosolalia y no xenoglosia. La glosolalia se refiere a lenguajes desconocidos por el ser humano, mientras que la xenoglosia son lenguajes extranjeros pero existentes en el mundo. Los que se hablaron en Hechos 2 fueron xenoglosia (Hch. 2:7-11). Y digo esto porque podemos notar que en muchas ocasiones la extensión de las lenguas y la de la interpretación no son idénticas, e incluso, en ocasiones sus duraciones son muy distintas. ¿Por qué? Porque en tales casos, el intérprete no traduce, sino que dice cuál es la intención/mensaje del Espíritu a la iglesia local (o bien a uno o más individuos que están presentes).

Es importante destacar que el don de diversas lenguas debe ser utilizado de acuerdo con los principios bíblicos y bajo la guía del Espíritu Santo. El apóstol Pablo enfatiza la importancia de la edificación de la Iglesia y la interpretación de las lenguas en el contexto de la adoración congregacional. Además, se destaca que el amor debe ser la motivación principal en el ejercicio de este don.

Conclusión del capítulo XIII

Respecto al don de lenguas podemos concluir que está en operación hoy, pues parte del cumplimiento de la profecía de Joel 2:28 —profecía que empezó a cumplirse en Pentecostés—, ya que, la evidencia del derramamiento del Espíritu descrito en este pasaje existe desde el día del Pentecostés el hablar en lenguas (esto lo evidencian los pasajes del Nuevo Testamento que hablan de este tema).

Las lenguas que se reciben en el bautismo son esencialmente las mismas que se utilizan en el don de lenguas, aunque las lenguas del don de lenguas requieren de una intérprete con el don de interpretación de lenguas, y son mensajes dados a la Iglesia, a un grupo de creyentes o incluso a un solo individuo, mientras que las lenguas sin el don de lenguas, son para uso personal, como una herramienta poderosa de oración a Dios.

En el capítulo siguiente estaré hablando del último de los dones mencionados en 1 Corintios 12, el don de interpretación de lenguas.

Referencias:

[139] Roberto Fricke; Gustavo Sánchez; Thomas W. Hill; Edgar Baldeón, *Comentario Bíblico Mundo Hispano Tomo 20: 1 y 2 Corintios* (El Paso, TX: Editorial Mundo Hispano, 2003), 145.

[140] Ibid.

[141] Christopher Forbes, *Prophecy and Inspired Speech in Early Christianity and Its Hellenistic Environment* (Tübingen: Mohr, 1995), 57.

[142] Taylor, 291.

[143] James Snapp Jr. "A case for the longer ending of Mark", *Text & Canon Institute, Phoenix Seminary*, junio, 2022. https://textandcanon.org/a-case-for-the-longer-ending-of-mark/.

[144] MacArthur, *Fuego extraño, 229.*

[145] Grudem, 104.

[146] Las Asambleas de Dios, "Declaración de verdades fundamentales: Las 16 verdades fundamentales de las Asambleas de Dios" *Assemblies of God*, s.f. https://ag.org/es-ES/Creencias/Declaraci%C3%B3n-de-verdades-fundamentales-.

[147] Montoya, 124.

XIV. EL DON DE INTERPRETACIÓN DE LENGUAS

En este capítulo estaré hablando del último don de la lista de los nueve dones del Espíritu mencionados en 1 Corintios 12, el don de interpretación de lenguas. Este don, como es lógico, no puede operar independiente del don de lenguas, y normalmente es ejercido por la misma persona quien tiene el don de lenguas (aunque puede ser otra). Pablo dice: «Por lo cual, el que habla en lengua extraña, pida en oración poder interpretarla» (1 Cor. 14:13).

El propósito de 1 Corintios 14 es que los Corintios entiendan que el evangelio es claro, y consiste en palabras que ellos pueden entender, no se trata de algo místico reservado para solo algunos «super espirituales». Por tanto, anima a los corintios a profetizar, es decir, a hablar el mensaje de Dios en el idioma del pueblo. Así también, si se trata de un lenguaje en lenguas para la iglesia, este debe ser interpretado (aquí es donde opera el don de interpretación de lenguas). de esto traeré más detalles en este capítulo.

¿Qué es el don de interpretación de lenguas?

El don de Interpretación de lenguas se refiere a la capacidad de entender y comunicar el significado de un mensaje dado en un idioma desconocido o en lenguajes angelicales. Como se ha dicho ya, trabaja en conjunto con el don de lenguas, y es una *interpretación*, no una traducción, es decir, el intérprete dice una idea general respecto al mensaje en lenguas y no es una traducción palabra por palabra del mensaje en lenguas.

Objeciones al uso del don de interpretación de lenguas

En cuanto a los mensajes en lenguas, algunos han formulado algunas objeciones. Una de estas objeciones es presentada por Baxter, en su libro *Charismatic Gift of Tongues*. Él comenta algo interesante respecto a 1 Corintios 14:13, versículo que dice: «Por lo cual, el que habla en lengua extraña, pida en oración poder interpretarla». Baxter dice que este versículo parece neutralizar las lenguas en la iglesia, pues parece no tener ningún sentido hablar un asunto dos veces (una en idioma desconocido, y otra en la interpretación) pues con una sola expresión en lenguaje sencillo y comprensible es suficiente (profecía). Él continúa diciendo que Pablo en este asunto cita a Isaías 28:11-12, en donde dice que las lenguas son señal para los incrédulos, esto es, que las lenguas, en lugar de ser un despliegue espectacular de emociones, tienen un propósito muy serio, tienen un propósito punitivo, según se puede leer en 1 Corintios 14:21 «En la ley está escrito: En otras lenguas y con otros labios hablaré a este pueblo; y ni aún así me oirán, dice el Señor». Baxer dice que los mensajes en lenguas, con su interpretación, tienen el propósito de llamar la atención del pueblo judío: «Estas lenguas no eran ni para instruir a la iglesia, ni para convertir al mundo. Estas eran como una señal judicial de Dios debido a la caída de Israel, por ello las ocasiones de su uso eran limitadas, solo cuando un judío incrédulo estaba presente».[148]

Sin embargo, en respuesta a Baxter, no hay razón para pensar que hubiera judíos incrédulos entre los corintios, y si no había (como es casi seguro que este era el caso), Pablo hubiera prohibido totalmente el hablar en lenguas con intérprete; sin embargo, el concluye: «Así que, hermanos, procurad profetizar, y no impidáis el hablar en lenguas» (v.39); y también dice: «¿Qué hay, pues, hermanos? Cuando os reunís, cada uno de vosotros tiene salmo, tiene doctrina, tiene lengua, tiene revelación, tiene interpretación. Hágase todo para edificación» (v. 26).

El contexto de Isaías 28:11 es que Isaías habla de los borrachos que balbucean y hablan un lenguaje sin sentido; y puesto que Israel no quería escuchar con un lenguaje claro, Dios les hablaría a través de invasores extranjeros para predicarles de juicio en un idioma que ellos no entendieran. Pablo entonces utiliza este ejemplo para explicar que los corintios, como todos los cristianos, deberían de buscar un mensaje claro, y no sustituir ese mensaje claro, y en su idioma, por misticismo; no obstante, al mismo tiempo, afirma que este lenguaje es parte de las maneras en que Dios se manifiesta. Por otro lado, como ya he dicho en el capítulo anterior, a Dios le ha placido comunicarse con la Iglesia (y con los incrédulos para su salvación en algunas ocasiones) en lenguas para recordarnos la importancia y vigencia de este don en la Iglesia de todos los tiempos. Dios desea manifestarse a nosotros a través de este instrumento que Él diseñó. Esta idea no ha sido de ningún teólogo o denominación, ha sido idea de Dios mismo y todo lo que Dios hace tiene un propósito importante. Por tanto, no se debe reprimir de ninguna manera el uso del don de lenguas y su interpretación en la Iglesia.

El don de interpretación de lenguas en la Biblia

No existe un caso específico en que se mencione la operación de este don en la Biblia. No porque no se haya presentado en la Iglesia primitiva, sino porque se da a conocer el mensaje y no tanto la manera en que este fue dado. No se sabe si algunos de los mensajes que fueron dados en el libro de los Hechos fueron dados en lenguas e interpretados, por ejemplo, en el caso de los mensajes del profeta Agabo (Hch. 11:28; 21:10). Sin embargo, se puede asegurar que era un don que estaba en operación en los tiempos apostólicos, pues de otra manera, Pablo no lo hubiera mencionado, ni tampoco hubiese necesidad para regularlo.

El don de interpretación de lenguas en la Iglesia de hoy

Puesto que el don de interpretación de lenguas es uno de los nueve dones del Espíritu, no existe razón ni argumento ninguno para decir que su uso no sea necesario o no esté actualmente en operación. Las lenguas son un sello de unión entre los judíos y gentiles en un solo pueblo, según lo constata Hechos 10. El derramamiento del Espíritu sobre la casa de Cornelio convenció a Pedro y a sus acompañantes de que los gentiles también eran destinados a salvación. Así, cuando se habla un mensaje en lenguas se refuerza esta idea fundamental.

También, los mensajes en lenguas recuerdan a la Iglesia la importancia de que los cristianos no dejen de hablar en lenguas en sus oraciones privadas. La iglesia no debe descuidar hablar en lenguas, pues es algo muy tan importante en la vida espiritual del creyente, tanto, que Pablo dice: «Doy gracias a Dios que hablo en lenguas más que todos vosotros» (1 Cor. 14:18).

Los mensajes en lenguas recuerdan a la Iglesia que Dios es un Dios sobrenatural, pues tanto el mensaje en lenguas como su interpretación son actos sobrenaturales del Espíritu. Asimismo, recuerda a los creyentes que el Espíritu Santo es misterioso, y jamás los cristianos podrán entenderlo, esto les hace permanecer humildes.

Los mensajes en lenguas y su interpretación recuerdan al creyente que debe mantener su lengua en sujeción al Espíritu. Santiago dice que, si uno es capaz de tener en sujeción su lengua, entonces es capaz de sujetar también todo su cuerpo (Stg. 3:1-12).

Otra razón del por qué el don de lenguas con su interpretación son dones muy importantes en la Iglesia de hoy obedece al constante recordatorio de que la tercera persona de la Trinidad, el Espíritu Santo, es quien está ahora en operación; y las lenguas son también llamadas «las lenguas del Espíritu».

¿Cómo se usa el don de interpretación de lenguas?

El don de interpretación de lenguas se utiliza durante los servicios religiosos o reuniones en las que alguien habla por el Espíritu en lenguas desconocidas. Cuando esto sucede, alguien que tiene el don de interpretación de lenguas, puede escuchar el mensaje hablado en lenguas y luego, a través del poder del Espíritu Santo, interpretarlo y comunicar su significado a los demás.

La persona que interpreta puede hacerlo en el mismo idioma en el que se está llevando a cabo el servicio o reunión (u otro idioma si es necesario), para que todos puedan entender. Es un don valioso que permite que el mensaje de Dios sea comprendido por todos los presentes y contribuye a la edificación y fortalecimiento de la comunidad de creyentes.

En 1 Corintios 14 Pablo da las pautas para el uso del don de lenguas y de su respectiva interpretación. Las instrucciones que da el Apóstol en 1 Corintios 14 son las siguientes: 1) Si hay varios que hablen en lenguas deben hablar por turnos y uno interpretar (v. 27). 2)

Si no hay intérprete, entonces los que dan mensajes en lenguas deben guardar silencio (orar para sí mismos) (v.28). 3) Los que escuchan deben juzgar el mensaje dado (v. 29). 4) Si alguno tiene un mensaje en lenguas, pida en oración que Dios le dé la interpretación también (v.13).

Conclusión del capítulo XIV

Se concluye entonces que el don de interpretación de lenguas está en operación hoy en la Iglesia. Este es un don que trabaja en conjunto con el don de lenguas, y es otorgado por el Espíritu para la edificación de la Iglesia.

La iglesia de hoy debe reconocer la gran bendición que existe en la manifestación de este don del Espíritu y no menospreciarlo, antes bien, fomentar su práctica constante. Tanto el don de lenguas como el de interpretación de lenguas son los dones del Espíritu más atacados por los críticos e incluso algunos se burlan de ellos. Esto sucede porque estos dones encuentran lugar en un campo místico de Dios, es decir, misterioso. Sin embargo, los cristianos deben reconocer que Dios en sí es misterioso, y que jamás se le podrá entender con la mente humana; pues Dios es tan insondable e infinito, que el entendimiento humano está muy lejos de comprenderlo, incluso un poco. Las lenguas dadas por el Espíritu y el don de interpretación es algo real, y recuerdan a los cristianos que deben permanecer humildes a Dios y no pensar que pueden tener control de lo que Dios hace ni de sus manifestaciones.

Referencias:

[148] Ronald E. Baxter, *The charismatic gift of tongues* (Grand Rapids, MI: Kregel Publications, 1981), 35-36.

PARTE TRES:
SUGERENCIAS PARA LA IGLESIA HOY

INTRODUCCIÓN

En esta parte estaré dando algunas sugerencias respecto al uso de los dones espirituales en la Iglesia cristiana. Puede haber mucha información y muchos argumentos para compartir y para debatir sobre el tema de los dones espirituales; sin embargo, la demostración más fehaciente de que estos dones del Espíritu están presentes todavía entre los seres humanos —y que no tan solo fueron algo del pasado—, es su operación; porque entonces podremos decir, como dijeron Pedro y Juan a aquellos que los querían intimidar: «No podemos dejar de decir lo que hemos visto y oído» (Hechos 4:20).

La prueba más palpable de la realidad de los dones espirituales es que muchos han sido testigos de la manifestación sobrenatural del Espíritu Santo mediante los dones. Así también, el apóstol Juan dijo: «Lo que hemos oído, lo que hemos visto con nuestros ojos, lo que hemos contemplado, y palparon nuestras manos tocante al Verbo de vida» (1 Juan 1:1). Por tanto, no tendrá valor alguno lo que diga el más grande teólogo cesacionista de este siglo o de todos los tiempos, si delante del mundo está la manifestación evidente del poder de Dios.

Por tanto, hablaré un poco más de la puesta en práctica de los dones del Espíritu, y de cómo ha de ser la implementación de los dones del Espíritu en las iglesias de nuestros días. De ello, en primer lugar, el punto de partida es la fe. Es necesaria la fe para la operación de los dones del Espíritu, ya que, si no existe una fe viva y verdadera en las promesas de Dios y en que Él anhela que estos dones se manifiesten en los seres humanos hoy, el Espíritu Santo no se moverá. El Señor Jesucristo lo expresó con bastante claridad cuando dijo: «Si puedes creer, al que cree todo le es posible» (Marcos 9:23).

XV. EL EJERCICIO DE LOS DONES DEL ESPÍRITU

En este capítulo estaré hablando de algunas razones generales para la aplicación de los dones del Espíritu a la Iglesia de hoy. Hablaré de si todos o solo parte de los dones son aplicables; de algunos contrargumentos adicionales al argumento principal de los cesacionistas; de los pasos que deberían de darse para la aplicación de los dones del Espíritu; del avance y crecimiento de esta doctrina; y de los resultados que estos dones traen en la Iglesia del Señor.

Cuántos dones existen y cuántos está vigentes

Sabemos que los nueve dones mencionados en 1 Corintios 12 no son los únicos que existen, pues hay otras listas de dones en el NT. Dios es omnímodo en los dones que tiene reservados para los creyentes, y Él es omnímodo también cuando se trata de repartirlos. No obstante, hemos visto en este libro que los dones mencionados en 1 Corintios 12 son dones que solo pueden ser ejercitados en el campo sobrenatural.

En cuanto a este tema, A. W. Tozer dice en su libro *Tragedy in the Church: The missing gifts* [La tragedia de la Iglesia: Los dones perdidos]:

> Algunos maestros piensan que saben cuántos dones se mencionan con exactitud en la Biblia; sin embargo, existen ciertas superposiciones en las diversas funciones de los dones, y en 1 Corintios 12 se mencionan nueve, pero en Efesios 4 se mencionan otros cinco y en Romanos 12 se hace otra mención. Así no se puede saber con exactitud cuántos dones son específicamente. Es difícil ser dogmático en cuanto al número completo de los dones del Espíritu, incluso aunque algunos dones mencionados en los diversos pasajes puedan ser sinónimos entre sí. En el mismo capítulo de 1 Corintios 12, Pablo menciona otros dones como el de ayuda y de gobierno [...] En Ro-

manos 12 Pablo hace referencia a los dones de exhortación, de dar, de gobernar y de mostrar misericordia. En Efesios 4 menciona las funciones de los dones de evangelistas y pastores.[149]

Dicho lo anterior, estoy de acuerdo con Tozer en que no se puede establecer un número de dones que pueden ser aplicados, pues que esto es algo del Espíritu Santo y no del hombre. Sin embargo, existe distinción entre los dones mencionados en la Biblia en el sentido de si son sobrenaturales o dones naturales.

Ahora, de si todos están en operación o de que algunos sí y otros no, diré que algunos cristianos, incluso dentro de los círculos pentecostales, enseñan que, aunque los dones están vigentes, no todos lo están. Es decir, que se excluyen algunos de ellos. Dicen que algunos están en operación, pero otros han caído en desuso. ¿Es esto así?

Desde luego, cada persona que habla así, utiliza algún sistema de argumentación, y tiene algunas bases, incluso «bíblicas»; sin embargo, hemos estado diciendo en este libro que todos y cada uno de los dones del Espíritu está vigente hoy, y que no existe ninguna razón para que alguno esté excluido. Creo que esto es así porque la Biblia no hace ninguna mención de que alguno de los dones caería en desuso, y también la práctica de todos y cada uno de los dones lo atestigua (como hemos visto ya en la explicación que he dado de cada uno de los dones en particular).

Un contraargumento adicional al argumento cesacionista

Los cesacionistas argumentan que los dones han cesado —como ya lo he mencionado—, y se basan en 1 Corintios 13:10 que dice: «Mas cuando venga lo perfecto, entonces lo que es en parte acabará». Como he mencionado también, ellos dicen que este versículo se refiere a que los dones cesaron cuando se cerró el canon de las Escrituras, y que esto es «lo perfecto». Sin embargo, aunque ya he argumentado algo en contra de eso, agregaré que, aunque la Biblia fue escrita perfecta al principio, ahora se cuenta tan solo con copias (ya que los documentos originales se han perdido), y existen también traducciones de las copias. Si se dice que las Biblias actuales son «perfectas» esto no es así, puesto que existen errores de transcripción y de traducción; y aunque no podríamos negar la doctrina de la inerrancia de las Escrituras —pues los 40 escritores de la Biblia no se equivocaron al escribir, pues fueron inspirados por el Espíritu Santo—, sí existen errores debido al tratamiento que el texto ha sufrido a través de los siglos; por tanto, «lo perfecto» no puede referirse a esto.

La aplicación de los dones del Espíritu a la Iglesia de hoy

Aunque se ha mencionado la aplicación de cada uno de los dones en los capítulos anteriores, quiero subrayan en este capítulo algunas ideas adicionales (y también a manera de repaso):

a. *El don de la palabra de sabiduría*: puede ser utilizado para recibir y comunicar palabras de sabiduría divina para la edificación y guía del cuerpo de Cristo. Siendo usuarios de este don solo las personas que fueron escogidas por el Espíritu Santo, y quienes lo ejerzan para el beneficio de la Iglesia solamente, ya que ese es el propósito del Espíritu. El don de sabiduría ofrece una información para la resolución de un problema y situación específicos, y guía a la acción.

b. *El don de la palabra de conocimiento*: permite recibir revelación divina sobre hechos o situaciones puntuales para el beneficio de otros creyentes que están en la Iglesia, o bien individuos que están relacionados con ella. Este don provee información que el portador del don no sabía, e incluso, ni podría saber, a fin de mostrar el poder sobrenatural de Dios.

c. *El don de la fe*: este capacita al creyente con una fe sobrenatural que le permite creer y recibir milagros y maravillas de Dios. Este don se opera y se aplica solo a la persona que tiene este don, pues en general, Dios ha otorgado una medida de fe a cada uno (Romanos 12:3, 6) y todos los cristianos necesitan de la fe salvadora para entrar a la comunión con Cristo, el Padre y su Espíritu.

d. *El don de sanidades*: este don facilita la capacidad de orar por los enfermos y que estos sean sanados por el poder de Dios. Este don debe estar presente en los ancianos de la iglesia, tal y como lo dice Santiago 5:16 «¿Está alguno enfermo entre vosotros? Llame a los ancianos de la iglesia, y oren por él, ungiéndole con aceite en el nombre del Señor» (Santiago 5:14).

e. *El don de milagros*: hace posible realizar milagros y actos sobrenaturales que testimonian del poder de Dios. Este don incluye todo aquello que está fuera del alcance humano y que es realizado legítimamente por Dios, los milagros pueden ser de sanidades, pero no todos.

f. *El don de profecía*: permite recibir y comunicar mensajes proféticos inspirados por el Espíritu Santo para la edificación, exhortación y consuelo de los creyentes, siendo usados solo los que son escogidos para ejercer ese don. Quien tiene este don puede ser usado por Dios siempre, en todo momento y en todo lugar. No obstante, como sucede con el resto de los dones, cualquier creyente puede ser usado por Dios en alguna ocasión con este don.

g. *El don de discernimiento de espíritus*: proporciona la habilidad de discernir entre lo que es de Dios, lo que es del enemigo y lo que es del espíritu humano. En el capítulo anterior se explicó con detalle en qué consiste este don, se ofrecieron ejemplos al respecto y se mencionaron algunos personajes bíblicos que fueron usados por Dios en la operación de este.

h. *El don de lenguas*: permite hablar en lenguas humanas conocidas (xenoglosia) y otras humanamente desconocidas (glosolalia) para la edificación de la iglesia, y también estas lenguas —mayormente tratándose de la glosolalia— pueden ser utilizadas en la oración y la adoración personal. Como ya se ha dicho, todos los creyentes que han sido bautizados en el Espíritu pueden funcionar en alguna ocasión con este don, pero el que lo tiene, es decir, que lo ha recibido de Dios, tiene el privilegio de hablarlas en todo tiempo de acuerdo con las Escrituras. Para la práctica de este don (para la edificación de la iglesia) se necesita el don de interpretación de lenguas.

i. *El don de interpretación de lenguas*: capacita al creyente para interpretar y dar significado a las lenguas desconocidas habladas en el contexto de la congregación. Aquí la interpretación de las lenguas será dada por la persona que Dios escogió. Asimismo, también otras personas que pueden no tener ese don podrán ser usadas por Dios para interpretar en el momento que Dios lo quiera. No está por demás decir que este don únicamente opera con el don de lenguas y normalmente es dado por Dios a la misma persona que tiene el don de lenguas.

Estos dones son dados por el Espíritu Santo para la edificación y el fortalecimiento del cuerpo de Cristo, y se pueden aplicar hoy en día a través de la fe y de la dependencia en Dios.

Pasos para la obtención de los dones espirituales

Los pasos descritos en este apartado están basados en las Escrituras, y no fueron creados por capricho de ni de ningún ser humano.

a. *Primer paso*: para obtener los dones espirituales antes que todo es necesario aceptar a Cristo como Señor y Salvador. Ninguna persona puede recibir los dones del Espíritu sin antes cumplir con este requisito preliminar.

b. *Segundo paso*: una vez que una persona ha aceptado a Cristo como su Salvador personal, el Espíritu Santo viene a morar en él/ella, y Él activará los dones que Él quiera darle en el momento de su conversión a Cristo como lo observamos en su Palabra.

c. *Tercer paso*: buscar dirección de Dios en santidad, ayuno y oración pidiendo al Espíritu Santo revelación y confirmación para saber qué tipo de don/dones el Señor te ha dado.

d. *Cuarto paso*: es necesario buscar un guía espiritual. Este debe ser, en primer lugar, y principalmente, el pastor, y luego, quizá, un diacono o un maestro de clase en la iglesia para que él/ella le ayude a identificar cuál/cuáles podrían ser el/los don/dones que el Espíritu Santo le ha dado. De esta manera, el creyente podrá orientar sus esfuerzos en esa dirección y podrá prepararse para servir dentro de su congregación para el beneficio de la iglesia de una forma ordenada como Dios quiere que lo haga.

e. *Quinto paso*: aquel que ha recibido un don de Dios debe permanecer siempre sometido/a a Dios y a las autoridades de su iglesia local, para que sea animado a practicar con asiduo las disciplinas espirituales que la Biblia menciona. Ya que solo así podrá madurar y servir con los dones que el Espíritu le ha otorgado. Es también pertinente decir que existen muchas iglesias en donde las personas no saben cuáles son sus dones y no se les ayuda a descubrirlos, a fin de que puedan servir con ellos. De esta manera los miembros de estas iglesias permanecen sin instrucción y la mayoría de ellos no saben qué dones tienen, ni para qué sirven.

f. *Sexto paso*: una vez identificado el/los don/dones, lo que sigue es buscar la dirección del Espíritu Santo sin nunca desconectarse de Él, ya que Él guía al creyente y lo lleva de la mano para usarlo como Él quiere. A fin de que él/ella dé gloria y honra a Dios con lo que haga. Esta es la única manera en la que un cristiano puede mantenerse dando gloria y honra al Dios trino: al Padre, al Hijo y al Espíritu Santo.

g. *Séptimo paso*: continuar siendo humilde y buscar de continuo del Espíritu Santo, sin permitir que el orgullo, la vanidad o la soberbia toquen su corazón, ya este cristiano que ha sido dotado por Dios podría, con sus actitudes, contristar al Espíritu Santo y sus dones dejarán de fluir. No quiere decir que Dios le quite esos dones, ya que dice Romanos 11:29 que los dones y el llamamiento son irrevocables; sin embargo, sí es posible que los dones sean desactivados hasta que el cristiano vuelva a humillarse delante de Él, pida perdón a Dios y le ruegue que le vuelva a usar como Él quiera.

Es también importante decir que las Asambleas de Dios enseñan que una persona no recibirá los dones del Espíritu mencionados en 1 Corintios 12 hasta que experimente el bautismo en el Espíritu Santo. Esta enseñanza se puede resumir de la siguiente manera:

1. El bautismo en el Espíritu Santo es una experiencia separada y subsiguiente a la conversión.

2. El propósito del bautismo en el Espíritu es dar poder para el servicio, testimonio efectivo y vida espiritual plena.

3. La evidencia inicial del bautismo en el Espíritu Santo es hablar en otras lenguas conforme el Espíritu da que se hable.

4. Los dones del Espíritu (1 Corintios 12:4-11) se manifiestan en aquellos que han sido llenos del Espíritu Santo.

Crecimiento en la doctrina sobre los dones espirituales

El crecimiento en los dones del Espíritu, aunque es distinto al crecimiento espiritual *per sé*, está ligado a ese en el cristiano. A medida que este se somete y camina en obediencia de la doctrina que sus líderes le han enseñado, basándose en las Escrituras y confirmada por el Espíritu Santo, Dios se manifestará a través de él/ella y le usará de acuerdo a sus propósitos.

La doctrina o enseñanza tendrá que ser siempre bíblica y cristocéntrica, a fin de que el Espíritu Santo continúe usando a su siervo/a en los dones que Él le haya dado. Muchos predicadores o líderes enseñan falacias y herejías sobre los dones y eso no está respaldado por el Espíritu Santo. Asimismo, otros niegan la veracidad y el uso permanente de los dones en estos días, aunque a la vez afirman que Dios es el mismo de ayer hoy y siempre, y que Él actúa como Él quiere. Por tanto, es indispensable apegarse a las doctrinas bíblicas y no caer en falsas enseñanzas de hombres, quienes, movidos por el afán de las riquezas y de la fama, y que para agradar a la gente (aunque no agraden a Dios) y ser halagados por ella, relegan el poder de Dios para recibir ellos mismos la gloria en lugar de glorificar al Señor Jesucristo, Rey de reyes y Señor de señores.

Resultados de los dones del Espíritu Santo

Con el paso del tiempo, el cristiano podrá observar el resultado del ejercicio de los dones que el Espíritu Santo le haya otorgado de acuerdo con su sometimiento al Señor y su búsqueda de Él. El cristiano deberá recordar que los resultados no serán de un día a otro, ni tampoco depende de él/ella que estos resultados se den. El cristiano debe buscar intensamente a Dios en oración, en ayuno, en la Palabra, y, sobre todo, guardarse siempre en santidad, ya que esa es la clave para poder ser usado. Así, si el cristiano persiste haciendo esto, al cabo del tiempo verá los resultados de los dones que Dios le ha otorgado, y este dará siempre toda la gloria y la honra a Jesús como lo dijo el Padre.

El cristiano jamás debe dar lugar al desánimo, ni dejar que el enemigo le engañe. Debe recordar que el enemigo está haciendo su trabajo y parte de su trabajo es lograr desanimarle y confundirle, muchas veces, incluso, utilizando la palabra de Dios (como lo hizo con Eva en el jardín del Edén). Asimismo, el cristiano debe recordar que es muy necesario tener disciplina y convertirse en un estudioso de la Palabra, apartando tiempo para la lectura y para el estudio de esta.

Debe también buscar ayuda con sus guías espirituales (pastores y maestros), y si hay algo que no entienda, por ejemplo, sobre cierta palabra o visión, sueño o revelación, debe acercarse a ellos para solicitar consejo. Los pastores de ese cristiano estarán siempre dispuestos para ayudarle, reconociendo que es Dios el que le está usando para el beneficio de la iglesia.

Llegará un día en que los resultados serán visibles y el mismo Espíritu Santo le confirmará que es Él quien estuvo obrando a través de él/ella. Así, llegará un momento que el cristiano obediente será galardonado con la confirmación del Espíritu diciéndole que Él fue quien le escogió, y Él le seguirá usando grandemente para la gloria de Jesús su amado Salvador.

Conclusión del capítulo XV

Los dones del Espíritu han sido una realidad para muchas personas en la historia del cristianismo, y si tan solo existiera una sola evidencia del poder de Dios en uno de estos dones se comprobaría la veracidad de que siguen vigentes. En este capítulo he hablado de que no solo los nueve dones del Espíritu sino *todos* los mencionados en la Biblia están disponibles para la Iglesia.

Asimismo, he provisto los pasos que se pueden seguir para la obtención y puesta en operación de los dones de Dios y se ha dicho que estos dones están basados en las Escrituras. En primer lugar, estos pasos tienen que ver con el arrepentimiento y la fe en Cristo para la salvación, y luego con la perseverancia en la cercanía con Dios y una vida de consagración y de entrega para su continuidad y efectividad.

En este capítulo hablé también del crecimiento que un cristiano deberá tener en los dones del Espíritu Santo y de los resultados que tendrá con el tiempo

Referencias:

[148] A. W. Tozer, *Tragedia en la iglesia: Los dones perdidos* (Miami, FL: Casa Creación, 2020), 20.

XVI. ULTIMAS SUGERENCIAS PARA LAS IGLESIAS

En este libro mi intención no es ofrecer una solución definitiva para la teología de los dones del Espíritu, ni ser dogmático en mis conclusiones. No obstante, se presenta aquí un sustento bíblico sólido para demostrar que los dones del Espíritu siguen siendo una gran bendición para la Iglesia de hoy y que lo serán por todo el tiempo que de aquí transcurra hasta la venida de Cristo, Aquel que dio su vida al derramar su sangre preciosa por la Iglesia que Él compró.

En primer lugar, se sugiere que las iglesias trabajen juntas para ayudar a sus congregaciones, especialmente hablando de aquellas iglesias cuyos miembros son pentecostales continuistas. Estas iglesias deben cooperar al buscar juntos fervientemente la llenura del Espíritu Santo, enseñando a sus fieles a que busquen más de Dios y que descubran ellos mismos cuáles son los dones que el Espíritu les ha otorgado. De esta manera, al buscar más de Dios y al descubrir esos dones, podrán ser usados grandemente por el Señor para beneficio de sus iglesias locales y el Señor Jesús será glorificado en gran manera en todo.

Esta sugerencia no solo está dirigida a los hermanos pentecostales sino incluso para aquellos que son cesacionistas, a quienes exhorto en el amor de Cristo a que busquen de Dios y se dejen usar en los dones del Espíritu a fin de dar gloria al Señor Jesucristo en todo. Existen algunas denominaciones que creen que algunos dones sí están vigentes mientras que otros no, a estos también exhorto a que ejerciten los dones que creen que están vigentes y estén abiertos a experimentar nuevas manifestaciones del Espíritu Santo.

En este libro tampoco pretendo establecer ni crear una nueva doctrina, sino seguir la que ya está establecida por Jesucristo, por el Padre y por el Espíritu Santo, y que fue mantenida por sus discípulos y apóstoles y por muchos otros siervos de Dios con el transcurrir de los años hasta estos días y seguirá hasta que, el Amado de las naciones, Cristo Jesús, regrese.

Cómo alguien puede saber qué dones tiene

Se parte de la base de que, en primer lugar, una persona necesita aceptar a Jesucristo como su Señor y Salvador personal. Después de haberlo aceptado, se le enseña respecto a la doctrina del Espíritu Santo y se le anima a que reciba lo más pronto posible el bautismo en el Espíritu Santo. Asimismo, se le enseña, con las Escrituras, lo que el mismo Espíritu dice en 1 Corintios 12: que Él reparte los dones a todos, y que él o ella puede anhelar los mejores (1 Cor. 12:31).

Luego se le discipula para que la persona pueda saber qué tipos de dones el Espíritu Santo le ha dado y, de acuerdo a su sometimiento a Dios, los dones se irán desarrollando en el transcurso del tiempo, y estos dones se irán poniendo en práctica y se harán más fuertes en la medida en que él o ella sea asiduo en la práctica de las disciplinas espirituales.

Cómo alguien puede ser usado en los dones que tiene

Si la persona ya aceptó a Jesucristo y ya sabe qué tipo de dones tiene, solo debe tener el deseo de ser usado/a y someterse a las disciplinas espirituales que su pastor o líder le pida que lleve a cabo para que de esa forma el Espíritu Santo lo empiece a usar. Esto no viene de la noche a la mañana y deberá, mientras tanto, servir al Señor con fidelidad.

Algo que se debe enfatizar es que la persona debe tener una vida de constante santidad y sometimiento al Espíritu Santo, ya que, como ya se ha mencionado, sin santidad el Espíritu Santo no lo podrá usar. Solo de esa forma la persona podrá darse cuenta de los dones que le han sido otorgados y entonces podrá mirar los resultados en su vida y ministerio.

Sugerencias adicionales a otras iglesias

Las sugerencias que por último puedo dar a las iglesias son las siguientes: que sigan adelante buscando la llenura y la dirección del Espíritu Santo, ya que Él fue enviado a la tierra como el ayudador de la Iglesia, y desea usar a los creyentes a fin de que sea cumplida la Gran Comisión. También, el mismo Espíritu Santo ha dicho que sin santidad nadie verá al Señor; por tanto, Él no podrá usar a aquellos creyentes que no estén consagrados y viviendo en santidad y permanezcan rendidos a Él.

Es de suma importancia que el cristiano pida al Espíritu Santo que le muestre si los dones están todavía en operación. Esto es para los que tengan duda sobre si los dones todavía están fluyendo o no. Entiendo que en ocasiones esa duda se debe a las tantas personas que han exagerado respecto a la manifestación de los dones (esto ha generado desconfianza y duda en algunos). Es también por ello que hay cristianos que ya no creen en el ministerio de los dones del Espíritu Santo, y esa es la razón de que no sean usados por el Señor, pues, para que Dios use a una persona con poder y autoridad, esta debe estar libre de cualquier sombra de duda. El tal caso, el cristiano debe recordar que, si ha recibido a Cristo, él/ella tiene entonces al Espíritu Santo, y Él ya le ha dado el poder para vencer todo temor (2 Timoteo 1:7).

A los amados hermanos cesacionistas se les recuerda que lo más importante es que tanto ellos como los continuistas ambos han creído en un Dios trino, y que la doctrina más elemental es la doctrina de la salvación por medio del arrepentimiento y la fe en Jesucristo. Este es el mismo Jesucristo quien rogó al Padre que mandara a su Espíritu Santo para brindar ayuda a la Iglesia aquí en la tierra; estas son doctrinas cardinales.

Y respecto a los que creen o no en los dones, solo Dios se encargará de juzgarles: cada uno recibirá su galardón de acuerdo a sus obras aquí en la tierra; pero los que no creen pueden estar desaprovechando la ayuda completa que Jesucristo quiso que su Iglesia recibiera cuando envió del Padre al Espíritu Santo.

De mi parte, oro para que el mismo Dios de Paz (el Padre), su Hijo Jesucristo, quien le rogó que enviara otro Consolador/Ayudador, y el Espíritu Santo, quien mora en los corazones de todos los que han creído en Jesucristo, esté y permanezca en nuestros corazones y nos use grandemente mediante todo lo que Él nos ha otorgado para el beneficio de su Iglesia.

Conclusión del capítulo XVI

En este capítulo estuve tratando el tema de las sugerencias a otras Iglesias respecto al tema de los dones espirituales. En forma general y conclusiva se puede decir que los pastores y líderes de las iglesias necesitan ser intencionales y proactivos para incentivar a los miembros a la búsqueda de los dones espirituales, y dar libertad al Espíritu en su manifestación.

Algunos pastores temen que, si abren la puerta a los dones del Espíritu, enseñan y predican sobre ellos y dan libertad al Espíritu, se puede crear un desorden en sus congregaciones. Temen que luego esto les haga estar envueltos en problemas que no tienen; sin embargo, estos temores son infundados puesto que, si Dios tiene el control, Él se encargará de que todo esté en su debido orden y se encargará de bendecir abundantemente a la Iglesia. Desde luego que el pastor y los líderes deben de conocer muy bien cómo es que operan los dones del Espíritu y cómo es bíblicamente su normativa.

CONCLUSIÓN FINAL

Se puede concluir este libro diciendo que la aplicabilidad de los nueve dones del Espíritu Santo basada en 1 Corintios 12 está vigente y disponible para el pueblo cristiano en general, y para el pueblo cristiano pentecostal en particular.

Hay otros dones —aparte de los mencionados en 1 Corintios 12—, pero en este libro estuve enfocado, particularmente en los nueve dones mencionados en ese capítulo; y he dicho que estos dones son peculiares y especiales respecto a los demás porque ellos envuelven un factor sobrenatural que es meramente del Espíritu Santo.

Hablé de aquello que está circunscrito a los dones, la historia, y cómo es que estos dones fueron avivados a principios del siglo XX; asimismo de algunas definiciones, y del contexto de 1 Corintios 12, y realicé la exégesis de algunos pasajes importantes. Asimismo, expliqué los nueve dones hasta cierto nivel de detalle.

Por tanto, se puede concluir con todo esto que los dones, estando vigentes, son para todos los creyentes que los procuren, y que se deben de ejercer para el beneficio de la Iglesia del Señor y para el cumplimiento de la Gran Comisión.

El pueblo cristiano necesita responder las siguientes preguntas: ¿Qué dice la Biblia sobre los dones espirituales?, ¿qué uso se da al término *dones espirituales*?, (y en el caso de pertenecer a esta denominación) ¿qué es lo que las Asambleas de Dios enseña sobre los dones espirituales? y finalmente, ¿qué es lo que el pueblo cristiano pentecostal necesita aprender y practicar sobre los dones espirituales?

Es evidente que este libro no pretende ser ni concluyente ni exhaustivo; ni tener un punto de vista dogmático. No pretendo decir con mi exposición que solo los pentecostales, carismáticos y en general los continuistas tenemos la verdad absoluta respecto a los dones espirituales; sin embargo, los cesacionistas también deberían reconocer que ellos tampoco tienen el monopolio de la verdad, y que en todo se necesita ser flexibles y estar abiertos a nuevas ideas que puedan estar bien respaldadas tanto por las Escrituras como por una racionalidad bien fundamentada.

Por otro lado, tampoco puedo decir que he logrado agotar el tema de los dones espirituales, ya que este es un tema muy amplio, y existe una cantidad bastante numerosa de literatura que los aborda tanto directa como indirectamente.

Básteme por último decir que este libro no se ha escrito para causar discordia con los que creen de distinta manera, sino para que, en amor y compañerismo cristiano, sea abierta una línea de discusión honesta sobre el tema de los dones espirituales; y ante todo, exhorto a cada uno a buscar más y más del Espíritu Santo, de su llenura, y a caminar en santidad; ayunando, orando y estudiando la Palabra de Dios con toda humildad y mansedumbre, reconociendo nuestra ignorancia personal. Todo a fin de que Dios sea exaltado. Ejerciendo siempre las disciplinas espirituales para que las exégesis que se realicen sean dirigidas por el Espíritu Santo y no producto de un mero conocimiento académico o humano. Creo que en algo todos estamos de acuerdo: Dios es soberano y el Espíritu Santo se mueve como Él quiere y cuando Él quiere; y el papel de la creación es simplemente obedecer, adorar y dejar que Él se mueva a su placer.

BIBLIOGRAFÍA

AG, "About the Assemblies of God", 2024. https://ag.org/about/about-the-AG.

Armstrong, Chris. "Timeline of the Spirit-gifted: Before Moody, Finney, Edwards, and Mather came a long line of Catholic and Orthodox believers reputed to enjoy 'the promise of the Father'". *Christianity Today*, 2002. https://www.christianitytoday.com/history/2008/august/timeline-of-spirit-gifted.html

Baker's Evangelical Dictionary of Biblical Theology, "Holy Spirit, Gifts of", Study Light.org, 1996. https://www.studylight.org/dictionaries/eng/bed/h/holy-spirit-gifts-of.html

Balentine, Samuel E., Stephen B. Chapman y Marvin A. Sweeney (eds). *The Cambridge Companion to the Hebrew Bible/Old Testament*. Cambridge, UK: Cambridge University Press, 2016.

Bartleman, Frank. *How Pentecost Came to Los Angeles*. Los Ángeles: F. Bartleman, 1925. [Reimpreso]. Plainfield, NJ: Logos International, 1980.

Baxter, Ronald E. *The charismatic gift of tongues*. Grand Rapids, MI: Kregel Publications, 1981.

_____. *Spiritual Gifts*. Grand Rapids, MI: Kregel Publications, 1983.

BiteProject. "George Müeller: una vida de oración y fe". *Bite Project*, septiembre 27, 2023. https://biteproject.com/george-muller/.

Bittlinger, Arnold. *Gifts and graces: A commentary on 1 Corinthians 12-14*. London: Hodder & Stoughton, 1967.

Blue Letter Bible. "Lexicon: Strong's G4100 -pisteuō", *Blue Letter Bible*, s.f. https://www.blueletterbible.org/lexicon/g4100/kjv/tr/0-1/.

Brooks, Steven. *How to operate in the gifts of the Spirit*. Shippensburg, PA: Destiny Image Publishers, Inc, 2014.

Buttner, Len. "The word of wisdom". *Eagle Ascend*, 29 marzo, 2016. https://eagleascend.com/the-word-of-wisdom/

Clarke, Adam. *Commentary on the Holy Bible. Abridged form the original six-volume work*. Kansas City, MO: Beacon Hill Press of Kansas City, 1967.

Criswell, W.A. *The Holy Spirit in Today's World.* Grand Rapids, MI: Zondervan Publishing House, 1967.

Deiros, Pablo A. *Diccionario Hispano Americano de la Misión.* Miami, FL: Unilit, 1997, Ed. elect. *Logos Research System.* https://www.calameo.com/read/000908450d5bd59fd27d2 [accedido 2/21/2024].

_____. *Dones y ministerios.* Buenos Aires: Publicaciones Proforme, 2008.

_____. *Sanidad cristiana integral.* Buenos Aires: Publicaciones Proforme, 2008.

Douglas, J.D. *Nuevo diccionario bíblico.* Miami, FL: Sociedades Bíblicas Unidas, 2000.

Douglas, J.D., Merrill C. Tenney, James Bartley y Rubén O Zorzoli (Eds). *Diccionario Bíblico Mundo Hispano.* El Paso, TX: Editorial Mundo Hispano, 1997.

Fanning, Don. *Los Dones Espirituales: Divina habilitación para el ministerio.* Pensacola, FL: Branches Publications, 2018.

Fee, Gordon. *The First Epistle to the Corinthians.* Grand Rapids, MI: W.B. Eerdmans Pub. Co., 1987.

Flattery, George M. "Speaking in Tongues: Its essence, purposes, and use (part 2)" AG Enrichment journal, invierno, 2015. https://enrichmentjournal.ag.org/Issues/2015/Winter-2015/Speaking-In-Tongues

Forbes, Christopher. *Prophecy and Inspired Speech in Early Christianity and Its Hellenistic Environment.* Tübingen: Mohr, 1995.

Forman, Charles W. "Paton, John G(ibson)," en *Biographical Dictionary of Christian Missions*, ed. Gerald H. Anderson (New York: Macmillan Reference USA, 1998).

Fricke, Roberto; Gustavo Sánchez; Thomas W. Hill; Edgar Baldeón. *Comentario Bíblico Mundo Hispano Tomo 20: 1 y 2 Corintios.* El Paso, TX: Editorial Mundo Hispano, 2003.

Gee, Donald. *Spiritual gifs in the work of the ministry today.* Springfield, MO: Gospel Pub. House, 1963.

Gesler, Norman L. *Miracles and the modern mind: a defense of biblical miracles.* Grand Rapids, MI: Baker Book House, 1992.

Goll, James W. *The lifestyle of a prophet: A 21-day journey to embracing your calling.* Ada, MI: Chosen Books [Baker Publishing Group], 2013.

Grider, J.K., W.H. Taylor, y E.R. González (Eds). *Diccionario Teológi-*

co Beacon (Lexena, KS: Casa Nazarena de Publicaciones, 2009.

Grudem, Wayne A. *¿Son vigentes los dones milagrosos?: Cuatro puntos de vista*. Barcelona: clie, 2008.

Guzik, David. "1 Corintios 12: Diversidad y unidad en los dones espirituales", *Blue Letter Bible,* 2016. https://www.blueletterbible.org/Comm/guzik_david/spanish/StudyGuide_1Co/1Co_12.cfm

Hayford, J. W. *El pueblo del Espíritu: Dones, fruto y plenitud del Espíritu Santo.* Nashville: Editorial Caribe, 1994.

Himitian, Jorge. *Sanos por la palabra* (Buenos Aires: Ediciones Logos, 2010), 28.

Horton, Stanely M. *Teología Sistemática: Una perspectiva pentecostal*. Miami, FL: Editorial Vida, 1996.

_____. *Los dones y el fruto del Espíritu Santo: Transformados a la imagen de Cristo.* Springfield, MO: Gospel Publishing House.

Kistemaker, Simón J. *1 Corintios: Comentario al Nuevo Testamento*. Grand Rapids, MI: Libros Desafío, 2015.

Las Asambleas de Dios, "Declaración de verdades fundamentales: Las 16 verdades fundamentales de las Asambleas de Dios" *Assemblies of God*, s.f. https://ag.org/es-ES/Creencias/Declaraci%C3%B3n-de-verdades-fundamentales-[accedido 2/21/2024].

_____. "La sanidad divina parte integral del Evangelio", *Assemblies of God*, agosto 2010. https://ag.org/es-ES/Beliefs/Position-Papers/Divine-Healing [accedido 4/21/2025].

_____. "La ordenación: El reconocimiento de un llamado al ministerio", 4 de agosto de 2020. https://ag.org/es-ES/Beliefs/Position-Papers/Ordination---The-Recognition-of-a-Call-to-Ministry

Logos Bible Sofware, *Lexham Bible Dictionary*, Biblia by Logos [version en línea] https://biblia.com/books/esv/Jn [Accedido 2/18/2024].

Losses, Helen, "Assemblies of God", *NCPedia (North Carolina Educator Information Survey),* 2006. https://www.ncpedia.org/assemblies-god#:~:text=Like%20several%20other%20Pentecostal%20groups,.%2C%20where%20it%20took%20place.

MacArthur, John. *Fuego Extraño: El peligro de ofender al Espíritu Santo con una adoración falsa*. Nashville, TN: G. Lelli, Ed.; Grupo Nelson, Una división de Thomas Nelson Publishers, 2014.

Metz, D.S. *Primera epístola de Pablo a los Corintios; en Comentario Bíblico Beacon: Romanos hasta 2 Corintios (Tomo 8)*. Lenexa, KS: Casa

Nazarena de Publicaciones, 2010).

Montoya, Eliud A. *Las 16 doctrinas fundamentales explicadas*. Barstow, CA: Editorial Palabra Pura, 2017.

Mudge, James. *Religious experience exemplified in the lives of illustrious Christians*. Cincinnati: Jennings and Graham; New York: Eatn and Mains, 1913.

Munilla, José Ignacio. "Dame de beber: Donde ciencia, parte I". *Agua Viva: Revista de espiritualidad del Corazón de Jesús para la evangelización*, 31/03/2014. https://www.revistaaguaviva.org/don-de-ciencia-i/#:~:text=Tiene%20un%20don%20de%20ciencia,en%20quien%20no%20hay%20enga%C3%B1o'.

Muñoz, Edgardo, Quentin McGhee, George O. Wood, James Hernando, Floyd Woodworth. *First and Second Corinthians*. Springfield, MO: Faith & Action, 2012.

Nelson S.M. & J.R. Mayo, *Nelson Nuevo Diccionario Ilustrado de la Biblia*. Miami, FL: Editorial Caribe, 1998.

Oliver, Jeff. *Pentecost to the present (book one): Early prophetic and spiritual gifts movements*. Newberry, FL: Bridge Logos, 2017.

Paton, John G. *Missionary to the New Hebrides: An Autobiography*. New York: Fleming H. Revell Company, 1898).

Pearlman, Myer. *Teología bíblica y sistemática*. Miami, FL: Editorial Vida, 1992.

Phillips, Ron. *Una guía esencial para los dones del Espíritu: Fundamentos sobre el Espíritu Santo, libro 4*. Lake Mary, FL: Casa Creación, 2012.

Prince, Derek. "Faith as fruit", *The Mechanics of Faith: Hope, Faith, Prayer*, s.f. https://www.hopefaithprayer.com/faith/faith-as-a-fruit-derek-prince/#:~:text=As%20a%20form%20of%20fruit,Entrusting%20leads%20to%20trusting.

Pytches, David. *Manual para ministrar en el Espíritu*. Buenos Aires: Ediciones Certeza, 1999.

Reed, Oscar F., *Beacon Bible Expositions: The New Testament in Twelve Volumes, Vol. 7*. Kansas City, MI: Beacon Hill Press of Kansas City, 1976.

Robertson, Archibald, Alfred Plummer, *A Critical and Exegetical Commentary on the First Epistle to the Corinthians*. Edinburgh T & T Clark, 2nd Edition, 1914.

Rodgers, Darring J. "From Azusa Street to Cleveland: How the book of Acts was repeated in Ohio in 1906", Flower Pentecostal Heritage Center, May 13, 2021. https://ifphc.wordpress.com/tag/azusa-street-revival/

Shatzmann, Siegfried. *A Pauline Theology of the Charismata*. Peabody, MA: Hendrickson Publishing, 1989.

Snapp Jr., James. "A case for the longer ending of Mark", *Text & Canon Institute, Phoenix Seminary*, junio, 2022. https://textandcanon.org/a-case-for-the-longer-ending-of-mark/.

Sumrall, Lester. *Los dones y ministerios del Espíritu Santo*. New Kensington, PA: Whitaker, 2010.

Taylor, Mark, Mark Edward Taylor. *1 Corinthians: An exegetical and Theological Exposition of Holy Scripture, Vol. 28, The New American Commentary*. Nashville, TN: Holman Reference, 2014.

Thomas, Arthur Dicken. "Profiles in faith: John Wesley", *C.S. Lewis Institute*, junio 5, 2003. https://www.cslewisinstitute.org/resources/profiles-in-faith-john-wesley/#:~:text=I%20felt%20I%20did%20trust,and%20justification%20by%20faith%20alone.[Accedido 3/11/2025].

Toppe, Carleton A., Roland Cap Ehlke (Ed.). *La Biblia Popular: 1 Corintios*. Waukesha, WI:Northwestern Publishing House, 1998.

Tozer, A. W. *Tragedia en la iglesia: Los dones perdidos*. Miami, FL: Casa Creación, 2020.

Vila-Ventura, Samuel. *El nuevo diccionario bíblico ilustrado*. Barcelona: CLIE, 1985.

Vine, W. E. *Vine's Complete Expository Dictionary of Old and New Testament Words*. Nashville, TN: Thomas Nelson, 1996.

Vine, W.E., Terry Kulakowski (Ed.). *Vines Expository Dictionary of New Testament Words Vol. 2* (Zeeland, MI: Reformed Church Publications, 2015.

Wapnick, Kenneth. *Glossary-index for a course in miracles*. Roscoe, NY: Foundation for "A Course in Miracles", 1993.

Wilhelm Meyer, H. A., Heinrich August Wilhelm. *Meyer's NT Commentary Meyer's NT Commentary*, Bible Hub, 2004. https://biblehub.com/commentaries/meyer/1_corinthians/12.htm

www.ingramcontent.com/pod-product-compliance
Lightning Source LLC
Chambersburg PA
CBHW070103080526
44586CB00013B/1172